プロフェッショナル・サラリーマン

面白い仕事をするための10のポイント。

井熊 均
Hitoshi Ikuma

あの人は、なぜ楽しそうに仕事をするのか？

水曜社

Contents

プロローグ

会社を自分のために使おう

「面白い仕事」が人生を面白くする

あなたは「仕事が面白い」と思って日々働いていますか？

この本を手にした方の多くは、企業に勤めているサラリーマンではないでしょうか。

しかし、サラリーマンという言葉のイメージはあまりよいとは言えません。「言われたことだけやる」「ペコペコする」「歯車」「没個性」などなど。つい最近までは「リストラ」など、ネガティブなイメージも浮かんできました。

だからといって「サラリーマンの人生なんてこんなもんだ」などと思ってはいけません。私たちは非常に長い時間を仕事に費やしているからです。毎日残業しないで退社しても1年間で2000時間。残業する人なら2500時間、いやもっとかもしれません。そうなると、1年の3分の1もの時間を仕事のために使っていることになります。

だからこそ「人生は仕事だけじゃない」などと言わずに、**「仕事を充実させて、人生をもっと楽しくしよう」**と考える方が、ずっと理にかなっているのです。

イキイキと仕事をしているサラリーマンは大勢います。大企業の社長もサラリーマンですが、先日ある雑誌に「毎年50日は（スキーの）ゲレンデに立つ」という話が出ていました。還暦を過ぎてから空手を始めて初段を取った方の話もあります。いずれも社長にまで昇りつめたのですから、「仕事がつまらない」とは思っていないはずです。ということは、激務をこなしながら仕事と生活の両方を充実させる方法があるということなのです。

99%は幸福になれる

最近はベンチャービジネスの成功者がたくさん出てきています。起業を目指す若者も増えてきました。本田宗一郎氏も盛田昭夫氏も、かつては夢を抱く若き事業家だったのですから、起業と成功を目指す若者が増えるのはいいことです。

私自身もベンチャー企業の設立に何度かかかわってきました。確かに、ベンチャービジネスの立ち上げには関係する人を感動させるものがあります。

問題は、「ベンチャービジネスの成功物語にあやかれる人は1%もいない」ということです。多くの人が見聞する成功物語とは、事業を興した人と、せいぜいその人を支えた側近の話です。もちろん、**すべての人に起業のチャンスはありますが、すべての人が事業家でいられるはずがありません。**

会社にしろ、社会にしろ、力強く引っ張ってくれるリーダーが活躍に相応しい報酬を得て、その姿に憧れて努力する若者が出てくる。これは素晴らしいことです。

しかしそれだけではなく、トップでない人もやりがいのある仕事ができて、充実した生活が過ごせたらどんなにいいでしょうか。

企業の業績がよくなり、ベンチャービジネスが次々生まれても、組織の中で働く人が疲弊したり、夢を失ってしまうようでは、幸せな世の中とは言えません。

1％の成功物語だけではなく、99％の幸福物語も見つめていこう――。

これが、この本のテーマです。

「会社というブランド」を使える面白い仕事

「面白い仕事ほど、面白いものはない」と思っています。ただし、私はいわゆる仕事人間ではありません。スポーツも音楽も、そしてお酒を飲みに行くのも大好きです。

それでも、「仕事は面白い」と考えるのは、スケールが違うからです。例えば、新しいサービスを考える、会社をつくる、といった場合には、遊びでは到底考えられないほどの資金と人員を投入し、しかも会社のブランドを使えるのです。それがうまくいったときの面白さは、個人の力量の範疇でしかない遊びとは、スケールがまるで違うのです。

「工夫できる仕事が面白い」と言う人がいます。その通りですが、デザイン、コンサルタント、企画、という「柔らか系」の仕事だけが「工夫のできる仕事」ではありません。自由なはずの会社にいてもつまらなそうな顔をしている人もいますし、一見同じことの繰り返しに見える仕事でも毎日イキイキと働いている人もいます。

要するに、**仕事が面白いか面白くないかは**「どこの会社に勤めているか」「どんな仕事をしているか」ではなく、**その人がどんな気持ちで仕事をしているか**で決まるのです。

仕事を面白くしたいのなら、まずは今の会社で面白い仕事のネタを探しましょう。新たな事業を立ち上げて軌道に乗せる、新しいお客さんを開拓する、対象は何でも構いませんし、身近なテーマでも十分です。

「何を改革できるか」「どうやれば新しさをプラスできるか」と考えてみてください。それができなければ起業したところでビジネスはうまくいきません。**なぜなら、あなたがいちばん理解している会社は今勤めている会社であり、いちばん理解している仕事は今携わっている仕事だからです。**

例えば、あなたの会社の仕事の内容を知らない人がアドバイスしてくれても、あなたには「素人発想」にしか見えないかもしれません。同じように、あなたがよく知らない業界のことを考えても、そこにいる人から見たら取るに足らない発想である可能性が高いのです。今働いている場所で面白い仕事を一つも見つけることができないようでは、どこにいっても面白い仕事はできません。

成功に導く習慣力

次に、「職場の環境を自分の力を蓄えるのに活かそう」と考えてください。いまどき「この会社で定年まで勤めあげよう」と考えることはないのですから、**今の環境でいかに自分の力を伸ばせるかを考えましょう。**

例えば、法務部に相談に行けば契約の知識が身につきます。事業計画のことで経理に行けば財務の知識が身につきます。企業というのは、社内に一応の専門家を抱えているので、理由をつけてその人たちと接することができれば、実にさまざまな知識を吸収することができるのです。しかも、それらは本には書いていないような実践的な知識です。

将来面白い仕事をするために、こうした環境を活かさない手はありません。

これまで色々な人とお会いする機会がありました。ベンチャービジネスの経営者、中堅企業の中興の祖のような方、大企業の経営者や役員、といったビジネス分野での成功者。政策づくりなどで活躍する著名な大学の先生、知事、市長、先端的な政策を立ち上げた行政マン、といった公共分野の方々。こうした人たちには共通している点があります。

一つ目は、隠れた努力をしていることです。例えば、性格が明るい営業課長を指して、「あの人は営業の天才だ」と言う人がいたとします。しかし、その営業課長は、実は訪問するお客さんのことを事前にきちんと調べ、話のネタの仕込みに熱心であるかもしれません。そうであれば、お客さんの前での流暢な話し振りは、「事前準備と改善の賜物」ということになります。成功している人には、多かれ少なかれこうした隠れた努力があるものです。

二つ目は生活習慣です。成功している人には生活習慣があります。例えば、最近、企業経営者の中では早起きする方が増えています。それも、4時、5時の夜明け前から起きている、という話をよく聞きます。**十分な睡眠をとって体がリフレッシュされ頭がいちばん働く時間に、その日の重要な課題を考えているのです。**

その他にもメモをとる、日記をつけるなど色々な習慣が考えられます。

面白い仕事をしている人には、そういった生活習慣を持っているものです。もしそういう人に会う機会があったら、「生活習慣はどんな気持ちで始めましたか」と聞いてみてください。たいていの人は「一念発起して……」という強い信念ではなく、「何となくやってみようと思った」と答えるでしょう。ダイエット方法を伝えるテレビ番組を見て、「やってみよう」と思うのと同じようなものです。途中で投げ出したものも多いはずです。**「一度始めたらやめられない」、と思ったら誰でもしり込みをするものです。問題なのは「やってみよう」と思えなくなることなのです。**

この本は、いわゆる普通のサラリーマンが面白い仕事をするためのポイントをまとめたものです。一つでも「やってみよう」と思うことがあれば、きっと何かの役に立つと思います。成功している人の多くがそうであったように、「何となく」始められることがあればいいのです。肩の力を抜いて、軽い気持ちで「面白い仕事をするための10のポイント」を読んでください。

「なりたい自分」になるには

1

どんな〈人材〉になりたいのかをシミュレーションする

面白い仕事をするための一番目のポイントはあなた自身の「仮説」をつくることです。「どんな自分になれば面白い仕事ができるようになるか」の仮説をつくるのです。三段論法でかまいません。**「将来こういう自分になれば面白い仕事ができるだろう」**という仮説を立ててください。本書ではこれを「自分仮説」と呼びます。

仮説にはある程度目安となるスケジュールが必要ですが、1年以上10年以下、というところではないかと思います。さすがに、3ヶ月や半年で人生を左右するような素養が身につく訳でもないでしょうし、10年以上先の話になると緊張感がなくなってしまいます。

面白い仕事をするためには、まず自分の能力を高めなくてはなりません。にもかかわらず、世の中には「どんな仕事がしたい」から入る人の方が多いのです。私の所属している部署は環境ビジネスに強みを持っていますが、最近は「環境問題にかかわりたい」という若者が増えています。環境問題に関心を持つのは大切なことですし、心強い限りなのですが、こうした言葉の中にある種の懸念を覚えます。

それは、「環境問題にかかわっていられる職場が欲しい」という気持ちを感じてしまうからです。言い換えると、諸先輩の作った場所で自分が満足できる仕事をしたい、という気持ちが強すぎる人が少なくないのです。

「ブランドのある企業が学生の人気ランキングで上位に顔を出すようになると衰退が始まる」という話があります。名の通った企業を希望する学生の中には、「ブランドにあやかりたい」という依存心が少なからずあるからです。

ブランドを作り上げるのは大変なことです。高級ブランドが今日あるのは、品質や商品コンセプトなど一貫した理念を貫いてきたからです。その理念が時代にそぐわず経営が苦しくなったこともあるでしょうし、厳しい競争にさらされたこともあるでしょう。そうした場合でも自分たちの理念の正しさを信じ地道な努力を続けることができた企業だけが価格競争に巻き込まれないビジネスをすることができます。

こう考えると、ブランドのある企業がいちばん欲しい人材は、「ブランドを守り抜くための厳しさを共有する人」ということになります。これを前提とすれば、ブランドのある会社に入る人が考えるべきことは、ブランドの価値を守り発展させていくために「自分に何ができるか」のはずです。

この話はブランドビジネスに限らず、すべての企業について言えることです。「何をしたい」より「どんな人材になりたい」を考えることが大切なのです。

この本のテーマは「いかに役に立つサラリーマンになるか」ではありません。したがって、会社の中で活躍すること自体が目的ではありません。ただし、一方で、「会社に重宝される人材になろう」という考え方を否定するのは間違っています。「会社に従属しろ」というつもりは全くありませんが、**大切なことは会社と個人の間のギブアンドテイクの関係をいかにつくるかです。**

そうなれば、

「重宝される人材になればチャレンジングな仕事ができる」
「チャレンジングな仕事がうまくいけば判断が尊重される」
「判断が尊重されるようになれば自分の考えで仕事を進めることができる」
「自分の判断で成果が上がるようになれば新しい提案も受け入れられる」

という好循環を作ることができます。

サラリーマンとしての仕事にあまり希望を持っていない人は、「仕事の内容は偉い人が決めて自分はそれに従うだけ」と思っているのではないでしょうか。しかし、考えてみると、「どんな仕事をするか」は社内の誰かの意見で決まっているはずです。それに、これだけ動きの速い世の中で、役員以上だけですべての計画をつくっているはずはありません。日本では企業の計画は現場の意向に基づいてつくられている面が少なくないのです。そうであるなら、あなたの意志でどんな仕事をするかが決まる可能性も当然あります。その可能性を認めたうえで「自分仮説」をつくりましょう。

自分が主役でワルくない

「自分仮説」には原則があります。

「こんな仕事をしている自分」といった「仕事主体」の考え方をしないことです。

最終的に「こんな仕事がしたい」という希望はあっていいのですが、もう少し掘り下げて考えることが必要です。

例えば、

「将来こんな仕事が脚光を浴びるはずだ。あるいは社会的に重要になるはずだ」

「そこではこんな人が重宝されるはずだ」

「その人はこんな能力や素養を持っているはずだ」

という展開です。

つまり、**「自分仮説」は「仕事主体」で決めるのではなく、「能力主義」で決めるの**

です。「仕事主体」で自分の方向性を決めると、どうしても仕事に従属しがちです。逆に「能力主義」に立つと、「可能性のあるマーケットでの自分自身の商品価値をどのように高めるか」を考えることになります。人材マーケットを意識して「自分仮説」を立てようということです。

本書は「サラリーマンが面白い仕事をするためにどうしたらよいか」をテーマにしていますが、一つの会社に固執することを意味していません。**会社に属することと、一つの会社に固執することは全く意味が違います。「こんな仕事がしたい」と思うことと、「この会社で仕事をしたい」と思うことも違います。**

今日、企業はM&Aされるかもしれませんし、事業統合されるかもしれません。日本中探しても、「君の雇用は定年まで我が社が100%守る」と言い切れる経営者がどれだけいるでしょうか。企業自体が今の状態を何十年も続いていけることを前提にしていないのです。

だから、「自分仮説」の対象は常に自分自身であって、どこの会社でどんな仕事をしているか、ではありません。

究極のプロフェッショナリティをイメージする

ただし、「会社に対してドライになれ」とは言っていません。むしろ逆です。会社は変わるかもしれませんが、**「どこの会社にいっても、チームのメンバーとしてベストを尽くす」。これが組織員としてのプロフェッショナルです。**例えば、プロ野球選手は読売巨人軍やオリックス・バファローズに就職しますが、一生そのチームにいられる人は必ずしも多くありません。トレードやFAで他のチームに行き、住むところも変わる、なんていうのは珍しくないからです。

そして、彼らはどこのチームにいっても組織員としてベストを尽くします。昨日まで所属していたチームを負かすために全力を尽くすこともあります。もちろん、長嶋茂雄さんのように球団になくてはならない存在となって、生涯一つの球団でまっとうする場合もあります。しかし、一般論としては、どこのチームにいっても、チームプレーに徹することができるのが組織員としてのプロフェッショナルといえます。

プロ野球選手が本当に就職したのは、法人としての球団ではなく、プロ野球という職業そのものです。これが一つのイメージです。もちろん、プロ野球選手とサラリーマンとは違いますが、面白い仕事をするためには、究極のプロフェッショナリティの中からイメージをつくりだしましょう。

組織の中で個人としての価値を高められず、面白い好きな仕事をできない人はたくさんいます。認められていても調子の悪い時もあります。そうした時でも方向性を失わないためには、自分自身の羅針盤を持っておくことが必要です。究極の姿をイメージするのはそのためです。

能力主義に立った「自分仮説」の組み立て方

「能力主義」の立場に立った経験を紹介しましょう。

30代の前半は、企業や公共団体を顧客としてコンサルティングをやっていました。当時まだ一般的ではなかった年俸制を選択して業績も好調でした。何が不満ということもなかったのですが、**将来に向けてどこか物足りないものがありました。**よくある「何となく不満」という感じです。

そんな中、つたない知識で思ったのは「これからは事業だ」ということです。「事業」だけでは何のことか分かりませんが、ベンチャービジネスやＳＰＣ（Special Purpose Company＝特別目的会社）をつくるようなことです。要は、「何らかの目的のために、きちんとした構造の事業を立ち上げることが重要になるはずだ」と思ったのです。ちなみに、当時ＳＰＣなどの専門用語は知りませんでしたし、事業というものをどれだけ理解していたか怪しいものです。

次に、自分がそうした仕事をするためにはどうしたらよいかを考えました。そのときの自分仮説の流れは以下のとおりです。

「これからは事業だ」

「きちんとした構造の事業を立ち上げるためには、きちんとした計画と財務の知識と法務の知識が必要だ」

「しかし、財務は会計事務所や金融機関、法務は弁護士がプロだ」

「それなら、事業の立ち上げ全体をマネージメントする人材が重宝されるはずだ」

「そのためには、事業計画、財務、法務を理解できるようにしよう」

こうした考えで、コンサルタントとして築いてきた顧客をすべて他の人に渡し、日本総研が始めたインキュベーションプロジェクトに参加しました。社内で転職したようなものです。インキュベーション（Incubation）とは、「卵を孵化する」という意味で、新しい事業やプロジェクトを立ち上げることを指します。現在の創発戦略センターの前身の組織でやっていたのは、20、30の企業が集まった組織で将来の事業立ち上げに向けた検討を行うコンソーシアムという活動です。例えば、アメリカで生まれた技術を使った廃棄物処理ビジネス、バイオの力を使った汚染土壌の修復ビジネスなどです。

こうした事業を立ち上げるためにまず必要なのは、海外から導入した廃棄物処理やバイオの技術を日本での事業に使うための権利、ライセンスを確保することです。そこで、この組織の中でライセンスを獲得するための業務をできるだけ多く手がけようと思いました。

ここで大切なのは、やりたいと思う仕事を引き受けるには戦略が必要ということです。「こんな仕事がしたい」と思って何もしないでいる人のことを「シンデレラ・シンドローム」と呼んでいます。「真面目に働いていれば王子様が迎えに来てくれる」という夢を見ているということです。そうした夢は、こちら側からの積極的なアプローチもなしに、「いつか美人が声をかけてくれる」と思うくらい実現性が低いものです。

会社の中であろうが、ベンチャービジネスであろうが、やりたいと思っていることをやるためには戦略が必要なのです。

普段の生活経験をビジネスに活かそう

ライセンス契約をするといっても、専門的な知識がすぐにつく訳ではありません。もちろん、ある程度勉強することは当然なのですが、あまり神経質になるのはやめましょう。**いくら勉強したところで机上じゃ分からないこともたくさんあるからです。**

ビジネスの新しい知識を身につけようと思う時に、知っておかなければならない重要なポイントがあります。それは、法律にしても財務にしても、**「世の中の常識から外れたルールがあるはずがない」**ということです。

私の友人で、かなり年をとってから司法試験を受けていた人がいました。心配になって知り合いの弁護士に相談したところ、彼は言いました。

「若い人より、ビジネスの常識を知っている人の方が有利なんですよ。法律が常識と違っていたら困るでしょ」

こう思うことができれば、肩肘張らずにビジネスの知識を勉強することができます。契約交渉を難しいと思うかもしれませんが、特殊な技術が必要な訳ではありません。それに、大抵の人は交渉経験があるはずです。例えば、東京上野のアメ横や海外で商品の値段交渉をする時です。「買うかもしれない」という雰囲気を出し続けて、先方の価格を聞きながら、「他の店に行くかもしれない」と思わせる。こんな価格交渉をしたことのある人は多いと思います。価格交渉は店側が、「売りたい」と思っている有利な条件下にあるので、ビジネスの交渉と100%同じとは言えませんが、同じような心理ゲームであることに変わりはありません。

新しいことを経験しようとしているのですから、知らないことがあるのは当たり前です。そこで、一から勉強していては時間がいくらあっても足りません。こうした時、**あなたの希望と現実のギャップを埋めるのが普段の生活の知恵や経験なのです。**このことに気づかず力が発揮できていない人がたくさんいます。

実践と経験がノウハウになる

ライセンス交渉ではこちら側と手を組むことがプラスであることを分かってもらわなくてはいけません。相手側にしてみれば、誰にライセンスするかは所詮一種の賭けですから、多少仮定が入っても面白い計画を語れなければなりません。これは、事業計画の基本ともなる事業の仮説づくりです。

私自身、事業計画の本を書いていますが（『事業計画の立て方、書き方、通し方』インデックス・コミュニケーションズ）、そこでのノウハウの根幹はこの頃の試行錯誤がベースになっています。

また、「ライセンスを取る」ということは「ライセンス契約を締結する」ことを意味しているので、結果として、契約書や法務の実践的な知識を身につけることができました。

財務はコンサルタントをやっていたので、一応の事業収支を計算するくらいの知識は持っていました。それがより深まったのは、ベンチャービジネスを設立するための事業収支をつくったときです。

これまでの話をまとめると次のようになります。

・「これからは、事業計画、財務、法務を理解できる人材が重宝される」という「自分仮説」づくり
・「自分仮説」を実現するための個人能力を培うための活動に参加
・「ライセンスを取る」ための実務に参加
・必要に迫られて、事業計画、財務に関する実務を経験
・「自分仮説」のためのノウハウの習得

ここで大切なのは机上論よりも実践、OJT(On the Job Training)を優先していることです。事業計画やプロジェクトマネジメントの本を書いている立場で言うのも何ですが、**ノウハウというものは実践を通じて身につけた方が後で応用が利くのです。**使った経験があるのですから当然です。一方、文字にして伝えられることには限界があ

ります。本に書いてあることは多かれ少なかれ一般論ですし、財務にしても法務にしても微妙な感覚を伝えるには達人の技が必要です。

将来役に立つ知見を得ようと仕事の内容を吟味する人をよく見かけます。ただ、よく考えてください。ＯＪＴは予備校のカリキュラムではないのですから、自分の欲しい知見が都合よく並べられているはずがありません。また、期待した知見が得られるという保証もありません。

「将来の知見を築くためのよい経験ができた」という話のほとんどが後付けであり、結果論なのです。

にもかかわらず、「そんなことができるんだったら、やっておけばよかった」とボヤいたことはありませんか。そんな時は、水面に映っている「飛び込めない自分」に気がついてください。

ベンチャービジネスで新しい商品を売ろうと思っている社長は、ほんの小さなチャンスでも可能性に賭けて出かけていきます。会社員も同じです。期待して出かけていって、何もないと思ったら、失礼にならないようにして帰ってくればいいのです。

慎重に物事を吟味し過ぎている自分に気がついたら、「大企業病にかかっているかもしれない」と思ってください。チャンスに対しては前向きに取り組んで、期待はずれだったらサッパリと別れる。これが実践型の能力開発の秘訣です。

ヘタな理屈よりも常識と感性を武器に

三菱重工で私が所属していたのは、橋、河川やダムの流量調節設備などをつくる鉄構部という部門でした。対象とする設備の性格から、お客さんはすべて公共団体です。その中でも二つの種類の仕事がありました。一つは国内の公共工事で、もう一つは海外の電力会社や政府を顧客とする輸出工事です。公共工事は単価も安定しているし、間違いさえなければ、相応の利益を得ることができました。何より、慣れ親しんだ国内の商慣行に則って仕事をしていればいいので担当者の負担は限定されています。

これに対して輸出工事は厳しい競争の結果受注できるものなので、単価も低く、工事ごとに法律も商慣行も違うので予想もしないリスクに遭遇することはしょっちゅうです。大抵、担当者は一度か二度はピンチに直面し、不眠不休の対応をせざるを得ない状況に追い込まれます。

にもかかわらず、入社した時から輸出工事を担当したいと思っていました。理由は極めて単純で「海を渡る仕事がしたかった」からです。（公共工事のような）決められたレールの上で仕事をするよりも、毎回事情が異なる輸出工事の方がロマンがあるし、カッコいいじゃないですか。

もう少し考えていたのかもしれませんが、記憶に残っているのは、そんなことなので、「海外」とか「カッコ」とかがいちばんだったのでしょう。でも、若い時には「これでいいのかもしれない」と思うこともあります。なぜなら、我々のような年代から見ると、理屈っぽい若者ほどひ弱に見えるからです。

さすがに社会に出てから20年も30年も経っているオジさんたちはしたたかな理屈を持っています。よほど知識がある人なら別ですが、そこで若者が小賢しい理屈を披露したところで、突破口は見えてきません。それよりも**オジさんたちが恐れるのは、自分たちにはない荒々しさや一気に攻め込めるパワー**なのです。

それに、若い時の感性の方が後になって「正しかった」ということが往々にしてあります。

私のケースで言えば、輸出工事で得た経験は、最近日本総研でも力を入れているPFIなど新しい分野の仕事に大変役に立ちました。その一方で、従来型の公共工事の市場は大幅に削減されてしまいました。

三菱重工での経験から二つのことが言えます。

一つ目は、**どんな会社にも将来の新しい事業につながるネタがある、**ということです。例えば、楽天やヤフーの活躍を見て、「インターネット系の事業がいちばんチャンスがある」と思うのは早計に過ぎます。「ネット系の事業が今後拡大する」なんていうことは何年も前から言われていたことですから、今から参入してどれだけのチャンスがあるか疑問です。

それより、「どんなビジネスでも既存の枠組みを改革すれば相当に面白いチャンスがある」という事実を知りましょう。新規上場企業のリストを見れば、既存のビジネスにもチャンスがたくさんあることが分かります。

二つ目は、**「こんなやり方は長続きしない」**とか**「やっぱコッチかな」**と思う若い人

の感性が意外と当たっている、ということです。今になってみれば、「当時から公共事業に明るい将来はなかった」というのは誰でも言えることです。それが見えなくなるのが、慣れによる思考停止なのです。したたかなビジネスのノウハウを身に着けたオジさんたちほどこうした傾向にはまっている可能性があります。

だからこそ、オジさんたちの既成概念とは違った価値観を持った若者の意見が大切なのです。確かに、**若造が「おかしい」と言ったところでビジネスの慣行が簡単に変わるわけではありません。だからと言って、「おかしい」という気持ちを押し殺してしまうことは長い目で見ると大きな損失です。**

ビジネスには、当たるも八卦、当たらぬも八卦のところが必ずあります。いくら調査しても、将来を完璧に予想することはできません。一方で、「将来このビジネスが流行るはずだ」と投資して成功する人がいます。ビジネスの世界では、多かれ少なかれ最後は感性が左右する部分があるのです。

そして、この場合の感性とは、「クジを当てる類の勘」ではなく、既存の仕組みを見て「これって、おかしいんじゃない」と思う「まともな感性」なのです。

「自分仮説」を作る、といっても、皆が皆がどんな能力が必要か分かる訳ではありません。そんな時は「今の仕事の仕方はおかしい」「お客さんのニーズを考えれば、こうするべきだ」、あるいは「今はAという方法が主流だが将来は必ずBという方法が主流になるはずだから、俺はBの方に力を入れよう」という考え方を持つことも一つなのです。

その時必要になるのは、まともな感性と世間一般の常識だと思います。

2

自分に合うポジションを見つける

組織の基本システムは「2―6―2」

「日本も格差社会になった」という話をよく聞きます。ベストセラーとなった三浦展氏の『下流社会―新たな階層集団の出現―』（三浦展著、光文社）は記憶に新しいですが、日本がかつての一億総中流の時代に戻ることはないのでしょう。

格差社会というのは、「自分は中流」と思っている人が減って、所得の高い人と所得の低い人の割合が増えることを言っています。言い換えると、社会が上流と下流の二つの層に分かれることです。ですから、「外資系や個人業績評価の厳しい会社に入り競争も勝ち抜いて、あるいは起業して、社会の上の層に入ろう」というのも一つの考え方でしょう。でも、本書で言いたいのは、「上昇志向を持て」ということではありません。

最近急速にニーズが増えているハイクラスな仕事の一つにビジネス弁護士がありま

2－6－2の法則

す。弁護士は社会的なステータスも、収入も高い仕事ですが、彼らの仕事振りを見ていると、軽々と、「この仕事を目指しなさい」とは言えません。皆が皆、あんな身を削るほど厳しい仕事に耐えられるとはとても思えないからです。成功すれば得るものはたくさんあるでしょうが、挫折する人もたくさんいるはずです。

この本で言いたいのは、コミュニティの中のポジショニングです。言い換えると、**その人なりの世界の中のいいポジションで仕事をしよう、**ということです。

人間の集団ができると、そこには必ず、「頑張る人」「普通の人」「ネガティブな人」

が出てきます。例えば、進学塾に通って一生懸命勉強して一流大学に入ったはずなのに、「熱心に勉強する人」「とりあえず人並みの単位と成績はとろうとする人」「消極的でついていくのがやっとな人」に分かれます。逆に、あまり成績のよくない人が入学した高校なのに、「中学校の時とは比べ物にならないほど真面目に勉強する人の集団ができる」ということもあります。

人間が積極的であるかないかは、本人の資質もさることながら、周囲の人間との比較で決まっていく部分があります。**そして、「熱心にやる人」「普通の人」「ネガティブな人」の比率は、どこでも概ね、2—6—2であるといいます。**この比率を意識することが大切です。

面白い仕事ができるのは10分の2

どのような職業を選ぶかは人生の大問題です。ビジネス弁護士のような仕事は収入もステータスも高いですし、何の資格もないコンサルタントより安定しています。しかし、あれだけ仕事をすれば、遊びに行く時間も相当に制約されるでしょうし、健康を害することもあるかもしれません。面白い仕事はしたいけど、「あそこまで打ち込めない」と思うのが人情でしょう。

「面白い仕事をした方が人生は楽しい」といっても、仕事と生活の時間のバランスには個人差があります。例えば、弁護士という職業、あるいは一流商社マンという職業を選ぶことは、その職業のコミュニティに入り、そこでの仕事と生活のバランスを受け入れることでもあります。そうした覚悟なしに、特定の職業のステータスや報酬を享受しようと思うのは虫がよすぎます。

社会的なステータスを追求し続ければ、仕事と生活のバランスを犠牲にすることはある程度避けられません。問題はそのバランスが個人に合っているかどうかです。合わなければ、どれほどステータスの高い仕事をしても「面白い」とは思えないのです。仕事を面白くするためには、自分に合ったバランスの職業を選ばなくてはなりません。

そこで大切になるのが、2―6―2の比率です。自分なりのバランスで仕事を選んだうえで、2―6―2の上の方の「2」、10分の2に入って面白く仕事をしようということです。つまり、「非常にステータスの高いコミュニティに身を置いても、仕事と生活に面白さを感じていない人」よりも、「たとえ、ステータスはあまり高くないコミュニティでも、その中で自分の仕事と生活に面白さを感じている人」の方が幸せなはずである、という考え方が基本です。

モチベーションの高い環境に身を置く

10分の2に入るためにはどうしたらよいでしょう。「誰にも負けない強い信念を持っている」と自信のある人にはこの項の話は関係ありません。毎日、「努力しなくちゃいけない」と思ってはいるけど、「自分だけじゃ続かない」と思っている人が読んでください。

やや他人依存的ですが、まずは**「10分の2にいる人と仲良しになる」**ことです。中学校で勉強ができるようになろうと思ったら、勉強のできる人たちのグループに入るのが効果的なのと基本的に同じです。こうしたグループに入っていると、勉強や試験に関する色々な情報が入ってくるし、「勉強しなくちゃいけない」という気持ちにもなります。ガリ勉にならなくても、勉強に関する「気づき」が得られるのです。

会社も同じです。会社の中の仕事や仕事の情報は均等に与えられるものではありません。仕事のできる人は当然のことながら社内で信頼を得ていますし、仕事ができる人同士のネットワークを持っています。上司、部下、同僚から仕事の相談を受けることも多いでしょう。お客さんもたくさん持っています。仕事に関する情報量が違うのですから、一緒にいれば面白い仕事ができる機会も増えます。

苦労談を聞いて感心したり、相談に乗ってくれることもあります。どんなサラリーマンでも苦労した経験の一つや二つはありますし、前向きな人ほどそこから何かを学んでいるからです。生活習慣のヒントも得られるかもしれません。

会社ではモチベーションが上がる環境をつくることが必要です。学校と違って**会社勤めは長いですから、モチベーションを維持する機会を持っているといないのとでは、何年かの間に大きな差がつきます。**加えて、モチベーションの低い人は比較的暗い気持ちで「つまらない」と思って会社生活を送り、モチベーションの高い人は比較的明るい気持ちで「楽しい」と思って過ごすのですから、気持ちというのは意外に大切なのです。

善意のネガティブアドバイスに気をつけろ

中学校や高校では、ふとしたはずみで不良グループと付き合ってしまうことがあります。同じことが会社にもあります。会社に対して、何かと文句を言ったり、代案もないのに批判したりする人がいます。こうした言葉を毎日のように聞いていると、いつの間にか自分の気持ちもネガティブになっていくものです。

中学校の不良少年と「社内の批評家」に共通しているのは、物事を斜に構えて見ることです。**学校の方針も会社の戦略も、少なくともリーダーとなり得た人が一生懸命に考えたものです。完璧ではないにしても、そこには何らかの工夫や合理性があるものです。**まずは「それを受け止める」という素直な気持ちをもちましょう。

体制を斜に構えてみることが何となくカッコよく見える時期もありますが、振り返ってみると、回り道であったことが分かる時がきます。寄り道したくなるのは世の常ですし、回り道のない人生も面白くないかもしれませんが、少ないに越したことはありません。

不良少年や社内の批評家は一見して分かるので避けるのは簡単ですが、もう一つ気をつけなくてはいけないのは、「善意のネガティブアドバイス」です。

新入社員が会社に入ると、色々なアドバイスを受けます。**どこの会社にも親切な人がいて色々なアドバイスを頂けます。大変ありがたいのですが、ネガティブなものも結構あります。**

例えば、「学生の時の遊びは控えていくようにした方がいい」「夏休みの予定を立てるのは諦めた方がいい」あげくの果ては「結婚は仕事を覚えてからにした方がいい」というのもありました。大学院の時には、「修士論文は大変だからアルバイトはやめた方がいい」というアドバイスもありました。

どれもこれも、それなりの理由はありますし、何といっても善意でいただいているアドバイスなのでいやな顔はできません。

一方、今の私なら、「昔からやっている趣味を維持するくらいの根性は持て」とか「夏休みの予定は何ヶ月も前に決めて、それを必死に守りきれ」「修士論文とアルバイトくらい両立できないのなら社会に出て無趣味人間になるぞ」とアドバイスします。

両者のスタンスには大きな違いがあります。前者は、「新しい組織に入ったら、問題が起こらないように、できるだけ身奇麗にしなさい」。言い方を変えると、「新しい組織に入ったらしばらくは静かにしていなさい」というものです。後者は、「自分のやってきたことと仕事くらい両立しろ」というものです。

前者のスタンスには二つの意味で問題があります。

一つは、自分の能力を制約してしまうことです。「このくらいしておけば大丈夫」という程度の緊張感では成長も鈍ります。結果として、より長い期間身を縮めた生活をしなくてはならないでしょう。気がつくと「すっかりモチベーションが落ちていた」ということにもなりかねません。

もう一つの問題は、自分自身を差別化する源を失ってしまうことです。いずれリーダーとしてグループなり組織なりを率いていく立場になった時、大切になるのはあなた自身の判断や発想です。**仕事の話しかできない機械のような人に他人はついてきません。**

仕事を通じて価値観が養われることもありますが、毎日同じところで同じような仕事をしていて、「隣の人と違った価値観や魅力ができる」と期待するのは無理があります。**独自の価値観は独自の経験から生まれる**と考えるのが合理的です。その意味でも趣味や私生活を犠牲にしてしまうのは問題なのです。

もちろん、学生の時に毎日のようにやっていた趣味が、週に1回、月に1回となることはあるかもしれません。毎日会っていた友達と飲みに行くのが2、3ヶ月に1回になるかもしれませんが、それでも続けることが大切です。スポーツでも音楽でも自然でも、長い間付き合うことで分かることがあるからです。

そして、長い間かけて蓄積されたものが、あなた独自の判断や発想、あるいは魅力につながっていくのです。

ポジションを確認しながら自分を見失わない

会社の中で、こうした善意のネガティブアドバイスを「そんなこと考えなくていいよ」と頭から否定してくれるのは、上の「2」に入っている先輩です。真ん中の「6」の人は、これまた何の悪意もなく、「そうかもしれないね」と言うかもしれません。つまり、**マジョリティの意見を真に受けていたら、あなたはどんどんネガティブな方向に引っ張られていく可能性があります。**角を立てる必要もありませんが、善意のネガティブアドバイスを笑顔でうまく聞き流す術も大切なのです。

「10分の2の人と付き合え」というと「おべっかサラリーマンになれ、と言っているのか」と勘違いする人もいるかもしれませんが、そうではありません。悪い影響を受けないように、よい影響を受けるようにしましょう、と言っているのです。それに、本当に「よい影響を受けたい」と思うような力のある人なら、

「あまりベタベタして欲しくない」と思っているはずです。忙しいですから。

人間誰しも、新しい組織に入った時には何らかの志を持っています。しかし5年経ち、10年経ち、そうした志を忘れてしまう人の方が多いのも現実です。個人の心がけもあると思いますが、周りの影響による部分も少なくありません。毎日ネガティブな意見を耳にする環境で、積極さを保ち続けることは簡単なことではないのです。

ビジネスの世界では色々な人のお世話になりますが、自分らしさを守ってくれる人はいません。「君子危うきに近寄らず」という言葉がありますが、個性を保って生きたいのなら、悪い影響を受けない環境を選んでいくことも大切なのです。

チャンスは仕掛けて誘う

3

社内の〈人材マーケット〉で目立とう

この項では、面白い仕事をするための自分仮説と心がけについて、ややテクニカルな話をしましょう。

会社の中で、「自分仮説に沿った仕事をしよう」「面白い仕事をしよう」と思っても、すぐに担当できるわけではありません。**あなたが面白いと思っている仕事は、他の人も面白いと思っている可能性が高いからです。そこで面白い仕事を手にするためには、自分を売り込む術を知っていなければなりません。**

第1章（33ページ）で、三菱重工にいたとき、利益率の高い公共事業よりも輸出工事を希望していたという話をしました。とはいっても、公共事業を中心とした部門であったことに加え、1985年のプラザ合意以降の円高で急激に国際競争力が低下した

ため、7年間の在籍中に受注できた工事は5、6件でした。

輸出工事となると、図面は100%、書類もほとんどが英語です。顧客が来日した場合、打ち合わせに出張した場合の会話はもちろん英語です。当然のことながら、それなりの英語力が求められます。ところが、当時の私の英語力たるや、学生時代に勉強らしい勉強をしなかったこともあり、事業所に配属された二十数人の大卒の中で下から3番、TOEICのスコアは実に450点未満という超低空飛行状態にありました。にもかかわらず、上司がなぜ輸出工事の担当にしてくれたのでしょうか。そこに面白い仕事を手にするヒントがあります。

「どうすれば面白い仕事を手にすることができるか」は、自分が上司になった時のことを考えてみれば分かります。もちろん、英語の文書をやりとりするのですから、最低限の英語力は必要です。構造系のエンジニアでしたから、ある程度の構造計算もできなくてはなりません。

しかし、よく考えてみると、エンジニアには万国共通の図面や計算式がありますから仕事上で交わす英語のレベルはそれほど高いものではありません。食事の時は身振り手振りを交えて何とかできますし、契約などで難しい英語が必要になったら、英語の得意な人か通訳をつければいいわけです。

構造計算にしても、企業の中には計算マニュアルや公式がありますから、ゼロから理論を考えるケースはほとんどありません。何回か経験すれば、たいていの人はマスターできるようにつくられているのが企業の中の仕事のシステムです。

今、輸出工事を希望する二人の人材がいるとしましょう。

一人は、高い英語力と高度な構造計算のできる人。しかし、何となくシニカルで協調性に欠ける人です。

もう一人は、英語力と構造計算は合格点ギリギリですが、前向きで、問題解決のための意欲とコミュニケーション能力のある人です。

恐らく、「この二人のうちどちらを選びますか」と聞かれたら、ほとんどのビジネスマンが「後者に決まっている」と言うはずです。前者を選択する人はよほどの理由があるはずです。輸出工事ではよく「英語ができるのと輸出工事の仕事ができるのとは違う」と言われていました。


どんな仕事にも必要なスキルはありますが、いちばん大事な能力は「何とかする能力」なのです。 あなたが上司だったら、仕事の問題点を見つけ出し、それを解決するための方法を考え出し、色々な人の力を借りて、与えられた人材と予算の中で、ゴールに向かって何とか仕事を進めることのできる人を欲しいと思うはずです。

魅力的なプロジェクトに引っぱってもらうには？

転職の相談をしにリクルーティングの会社に行くと、「この仕事をするためには、こういった技術や経歴が必要」と条件が示されます。確かに、金融の知識が全くない人が、ゼロから勉強してファイナンスの仕事をすることはできないでしょう。建設会社の設計部門で働こうとしている人が、構造力学を勉強していないで採用されることはないでしょう。しかし、特殊な仕事でない限り、ほとんどの企業が求めているのは、先ほど述べたような最低限の専門知識に過ぎません。

新卒採用では特にこの傾向が強いですが、中途採用でも即戦力ばかりを期待しているわけではありません。私自身、中途採用者の評価を何度も経験していますが、即戦力にばかり頼る組織には疑問を感じます。どんなに経験が豊富でも、外部から来た人材が明日から通用してしまうということは、その組織のノウハウやシステムが希薄であることを意味しているからです。

世の中で就職に必要とされているスキルとは、**「ある仕事を生業としている会社に入るための必要条件に過ぎない」**ということに気がつかなくてはなりません。したがって、必要条件を満たした人ばかりが集まった会社の中での仕事のアサインは、「それ以外の素養で決まる」と思った方が現実的です。そこで必要なのがプロジェクトメンバーとしての魅力なのです。

将来性のある新しいプロジェクトのメンバーになることを考えてみましょう。新しいプロジェクトをやる時にいちばんいてほしくない人は、「こんなことやってもしょうがないよ」と後ろ向きな意見ばかり言うシニカルな評論家です。「何でこんな地味なことばかりやらなくてはならないんだ」とすぐに文句を言う人も困ります。

程度の問題はありますが、そもそも、新しいことをやろうとしているのですから、手探りで色々なことをしなくてはならないのは当然です。まだ組織ができていないのですから、一般の業務より縁の下の力持ち的な仕事を引き受けなくてはならないのも仕方がないことです。つまり、前述したような不満や批判は、新しいプロジェクトをやること自体の否定につながってしまうのです。

新しいプロジェクトに試行錯誤は避けられませんし、不安になることも少なくないはずです。そんな時に欲しいのは、いつも前向きで、辛抱強く、周りを明るくしてくれる人です。

大切なのは自分が関わりたいプロジェクトで必要な素養を三段論法で考えて、それをアピールすることです。例えば、先の新しいプロジェクトであれば以下のような感じです。

「新しいプロジェクトなのだから新しい試みが必要」
「試行錯誤や不安は避けられない」
「明るさ、粘り強さ、周囲を励ませるような人が必要なはず」

プレゼンテーションを試みる

次に、自分の素養をどのようにアピールするかです。

いちばんよく聞くのは「頑張ります」という言葉です。

個人的には、この言葉は評価します。どんな人であっても、仕事への頑張りをコミットする姿勢は評価しなくてはいけません。ただし、面白い仕事に参加しようとする時は、誰もが言うことでもありますから、「頑張る」という表現自体で差別化することはできません。また、「頑張る」と言って頑張りきれたら世話がないので、一時のコミットを鵜呑みにできない面もあります。

「頑張る」という表明だけでなく、経歴、実務上の実績、英語力のようなスキル、対象としている仕事の分析（課題や自分だったらこうするという考え）、などをプレゼンテーションすることも考えられます。

日本企業ではあまり見られない行動ですが、例えば、「課長、ちょっとお話があります」と言われてこうした意気込みを聞かされたらインパクトはあると思います。この時、普段より少し真面目な立ち振る舞いをして何かをコミットすれば、よりインパクトが増すでしょう。多少間の抜けたところがあっても、上司としたら無視できません。

日本企業も変わってきているのですから、このくらい積極的な若者がいてもいいと思います。気恥ずかしいかもしれませんが、「面白い経験をしてキャリアアップを図っていきたい」と思うのなら、このくらいの努力はできるようになりたいものです。

ただし、**「プレゼンテーション作戦」を成功させるためには、適切なタイミングを狙って、的を射たことを言わなければなりません。**上司の機嫌がいいのは朝か夕方か、といったタイミング、どんな話のロジックが好きか、あるいはプロジェクトのポイントは何か、等々です。そのためには、プロジェクトの目的や状況などの情報を手に入れ相手の性格分析をしておかなくてはなりません。この点を誤ると逆に印象を落とす可能性もあります。

売り込むのは〈普段の自分〉

面白い仕事をするために、皆が上司を引っ張ってきて自分の意見をプレゼンするような組織であれば素晴らしいと思います。しかし、気恥ずかしさがあったり、プロジェクトの情報がうまく取れなかったりで簡単に実行できるものでもありません。会社によっては、こうした行為自体が難しいこともあるでしょう。

一般の企業の中で「自分を売り込む」と考えた場合、最も一般的かつ現実的なのは「普段を売り込む」ことです。

プロジェクトが開始される頃の一時の印象より上司の脳裏に強く刻まれているのは、あなたの普段の振る舞いです。例えば、上司の時間をもらってプレゼンして、プロジェクトに関する分析を披露しても、日頃の会議で何の発言もせず受身で仕事をしているような人が、現実のプロジェクトでプレゼン通りの活躍をしてくれるか分かりません。うそくささを感じてしまうかもしれません。

ビジネスでは、契約の相手先を選ぶ時、契約交渉をする場合、プレゼンを受けた場合などでも、相手が言ったことをどれくらいきちんと実行してくれるかを考えます。**企業同士の付き合いでは、世間の評価、実績、付き合ったことのある人の経験談、などを調べて、言ったことの何％くらいを信じていいか値踏みします。**

会社の中でのアサインを考える場合も意思決定の構造は基本的に同じです。どんなにうまいプレゼンをしても、普段は消極的で、期日を守らず、自分勝手な行動ばかりしているようでは半分も評価されないかもしれません。毎日の積み重ねが大事であることは面白い仕事をするうえでも大切なのです。

こう言うと、人の目を気にして束縛された毎日を送らなくてはならないような気がするかもしれませんが、そうでもありません。仕事で求められている「普段」はそんなに広い訳ではないからです。

例えば、仕事以外の片付けごとがあったら「率先してやる姿勢」、日常業務の中で「問題点があれば指摘する姿勢」「自分の要求よりも解決策を優先する姿勢」「皆と打ち解けようとする姿勢」「約束を守るモラル」といったところです。

時々できない時があってもかまいません。それこそ、「普段はできてるんだから」と思ってもらえるはずです。逆に、「できないことがあってはいけない」「１００％できなければ駄目だ」と言う方なら、あまり近づく必要はないと思います。普段が大事、とはいっても目的に直結していないところで完璧さを求めるのは精神論に過ぎないからです。

「分かりにくい人」には仕事がこない！

さて、私が三菱重工でなぜ輸出工事を担当できたかを考えてみましょう。おそらく、評価されていたのは前向きさや問題を解決しようという姿勢ではないかと思います。まず、英語力については、勉強して何とかしようという姿勢が評価されたとしか考えられません。TOEIC450点未満とは、45％分かったのではなく、「適当に○をつけたら45％くらい当たっていた」というのが実態です。実際何を言っているのかほとんど理解できていませんでした。さすがに「やばい」と思って、英会話のテープを買おうと思ったものの、何を買ったらよいかも分からず相談したり、勉強の仕方を聞いたりしていたのが前向きに映ったのでしょう。

輸出工事がどんなものかについても色々と聞きました。今と違って、我々の時代は、そもそも海外に行くこと自体が珍しい時代でしたから、「輸出工事というのはどんな手続きを踏むのか」「海外とどうやって設計の打ち合わせをするのか」「スーパーバイザーの生活とはどんなものなのか」等々、色々な質問をしたことを覚えています。

今の若者と比較すると馬鹿みたいにも見えますが、意外とこれが大事かもしれません。なぜかと言うと「分かりやすい」からです。**仕事を管理する側からすると、いちばん怖いのは見えないことです。**悪いなら悪いなりに準備のしようもありますが、ある日突然すぐに対処しなくてはならないトラブルに見舞われると、急な経費もかかりますし、業務体制が混乱します。「あいつなら、こんなことはしないだろう」と思える人の方が、「何をしているか分からない」人よりはるかに安心感があるのです。

企業の中での人材のアサインにはある種のマーケットメカニズムがあります。会社の中にいると忘れがちですが、その存在に気がつき、就職活動や転職する時と同じような気持ちになることができたら、もっと自分を売り込むでしょうし、明朗な分かりやすい人材であることをアピールすることでしょう。

マーケットの鉄則は、「分からないものには手を出さない」ことです。社外の人材マーケットであれば、「分かりにくい人は採用されない」結果になることは誰でも知っています。しかし、実は、社内でも「分かりにくい人はアサインされにくい」というよく似たメカニズムがあるのです。

毎日同じ社内にいると、「よく考えれば当たり前のこと」を忘れがちになります。そうした心理状況こそが、サラリーマン生活をつまらないものにする根源でもあるのです。

4

チームを活かせば自分も光る

「自分だけ……」では限界がある

会社員として、「面白い仕事をしよう」と思うのであれば、チームとして成果を挙げることを考えなくてはいけません。**どんなに頭がよくても、チームの中で力を発揮できない人はビジネスの世界では評価されません。**仕事というのは個人でやるものではなく、チームでやるものだからです。

そこで、チーム第一に考える、For the Teamの精神が大切になります。

「チームのことを考えろ」と言うと、組織優先の古い体質と感じるかもしれません。しかし、自分の能力を高め、個人としての価値を最大化しようとするプロフェッショナルな志向とFor the Teamは何の矛盾もありません。矛盾がないどころか、実は表裏一体のものなのです。

プロ野球の選手は、個人ごとに厳しく評価されます。打率も打点も防御率も、すべて個人ごとにカウントされ、成績が悪ければプロ野球選手でいることは許されません。だから、プロ野球の選手にとっては、個人の成績がいちばん大事なはずです。しかし、試合後のインタビューになると、選手は決まって「とにかく、チームが勝つことだけを考えて打席に立ちました」と応えます。決して、「打率を少しでも上げたいと思いました」とは言いません。

これは、単なる優等生ぶったポーズなのでしょうか。

そうではないと思います。

プロ野球の選手の成績は個人でカウントされますが、チームが強くないと個人の成績も上がらない構造になっています。例えば、どんなに素晴らしいピッチャーでも、ゴロや飛球を確実に捕ってくれる野手がいるからこそ勝利投手になることができます。優れた打者も、前の選手が出塁してくれなければ打点を挙げることはできません。

長嶋茂雄氏が球界を代表するスター選手とされているのは、「チャンスに強く、点が欲しい時にチームメイトがホームを踏めるようなバッティングをした」ことの証なのです。

同じような構造はビジネスの世界にもあります。世間で高い評価を受けている大企業の社長で、自分のアピールばかり考えている人は稀です。新聞や雑誌で社長個人がどんなにもてはやされても、世間が最終的に評価しているのは企業としての業績であり、それによって経営者の力量が測られるからです。

ベンチャービジネスの社長は大企業のトップより自己主張が強いように見えますが、自分の会社を一つのチームと思って成果を上げようとする気持ちは人一倍強いはずです。強烈なリーダーではあるかもしれませんが、チームプレーを軽視している訳ではありません。

　For the Teamを重視しよう、と言うと、**「個人と組織のどちらを重視すればいいのですか」という質問が出ることがありますが、世の中でリーダーと言われている人はそもそも、それが対立するものとは思っていないのです。**むしろ、チームプレーと個人の能力は表裏一体のものと思っています。面白い仕事をしたいのであれば、その理由を考えなくてはなりません。

ダイナミックなビジネスはチームで

面白い仕事をするためには、なぜチームプレーができなくてはいけないのでしょうか。それは、ダイナミックな仕事の方が面白く、ダイナミックな仕事は一人ではできないからです。

ここで、「小さくても面白い仕事がある」という例外の議論をしても仕方がありません。一般論として、仕事はダイナミックな方が面白いに決まっているのです。

「個人の主義主張が強くなっている」「個人の価値観が尊重されるようになっている」という話を聞いて勘違いしてはいけません。ビジネスの世界ではますますチームプレーが重要になっています。

個人としての専門性が問われる職業の代表として弁護士が挙げられます。私もコンサルティングを生業としていますが、コンサルタント、会計士、弁理士等、専門家といわれる職業の中でも弁護士の専門性の高さは際立っています。国家資格に守られているだけでなく、一緒に仕事をしてみると専門性の高さに脱帽することが少なくありません。

その弁護士の世界で事務所の大型化が進んでいます。特に、ビジネス分野でのリーガルサービスを提供する有力な弁護士事務所では100人を超える弁護士を抱えるところがいくつかあります。事務所の大型化が進む理由は、ビジネスが多面的かつ複雑になってきたために、高い専門性を有する弁護士の世界においてさえチームプレーが必要になってきているからです。

このような状況を考えると、「面白い仕事をしよう」と思うのなら、何らかの形でチームプレーに貢献できなくてはならないことが分かります。個人として面白いことをやろうとして、えり好みばかりしている人を見かけますが、稀な例を除くと、たいていは、面白いことも見つからず、専門性についても仕事の面白さについても、チームプレーで仕事をしてきた人に及ばなくなってしまうのです。

そうなる理由は簡単です。

チームになれば、一人よりもはるかに高い成果を出すことができます。チームで動けば情報も豊富に入ります。一方、**個人として好きなことばかりやっていれば、アウトプットにも限界がありますし、情報も偏るので付加価値の高い素養が身につきません。**世の中は付加価値の高いものにチャンスを授けてくれるので差がつくのは当然なのです。

プロ野球やプロサッカーの話を聞いて、「あれはスポーツの世界だから」と言っているようではいけません。成功する人は、直接関係のない分野からも素直に学ぶ力を持っています。ある企業の社長さんは「同じ分野で自分よりアイデアを持っている人はいない。だからこそ違う分野の成功事例から何かを学びたい」と言っていました。

分野の違いこそあれ、プロスポーツの世界は、プロフェッショナルとしての技量、夢、チームプレーがミックスした究極の形です。そこから、何かを掴むことができなければビジネスのプロフェッショナルへの道はないと思ったほうがいいのです。

できる奴ほど「納得感」で動く

それでは、どうやったらチームプレーができて、チームを引っ張るリーダーになれるのかを考えてみましょう。

最近、大学ではMOT（Management of Technology）という活動が普及しているようです。技術をマネジメントして、ビジネスなどを生み出していこう、ということです。

そうしたところで学んだ学生と話したことが何度かあります。

ある学生との会話です。

「将来、どんな仕事がしたいのですか」

「色々な技術を持っている人をコーディネートして……」

「コーディネート、って具体的にどういうことをするのですか」

「技術者のニーズを聞いて、それを必要とする人のニーズと結びつけて……」

「でも、技術や商品開発の経験を持っている人ならともかく、何の経験もない人ができるのですか……」

「それは、色々な人のニーズを聞いて……」

「一度は自分自身が開発の現場に踏み込んで経験してみよう、という気持ちはないのですか」

「ですから、色々な技術をコーディネートして……」

決して、意地悪な気持ちで聞いたつもりはないのですが、横文字連発の会話と仲介役に徹しようとする姿勢には大変懸念を感じました。もちろん、MOTという分野にはもっと深い知見があるのでしょうし、見事に本当のコーディネータ役を果たしている方もおられるのだとは思いますが、マネジメントという言葉が陥りやすい例として記しました。


もう一つ、チーム運営のための方法論として最近流行っているのがコーチングです。コーチングに関する本もたくさん出ています。私自身、大学を卒業してから四半世紀以上学生スポーツチームのコーチをやっていますが、疑問に思うこともあります。

例えば、選手の意見を色々と引き出すことをアスキングというらしいです。コーチにとって選手の考えていることを引き出すのが重要なのは当然ですが、言葉が先行して机上論に陥っているような危険性を感じます。

よい成績を残したコーチには色々なタイプの方がいます。強烈なリーダーシップでチームを引っ張って成功した人もいるし、あるいは選手の自主性を重んじて成功した人もいます。

選手との会話の仕方そのものに一定のルールはありません。選手の話をじっくり聞く人もいれば、自分の話を中心にする方もいます。でも、成功しているチームでは選手がじっくりとコーチの話を聞いていますし、一つのビジョンに沿ってきちんと練習をします。

技術、トレーニング方法に関する基本的な知識に共通のものはありますが、コーチとしての選手への接し方は個性によるところが大きいのです。というより、コーチの人柄を前面に出す以外に方法はないのです。なぜなら、**ほとんどの優れたコーチが重視しているのは、選手との間の「納得感」であって、お互いが納得するためには、胸**

襟を開かなくてはならないからです。

「こんなこと言って大丈夫か」と思うほど激しいことを言うコーチが裏では非常に思いやりがあったり、温厚そうに見えている人がある面では非常に芯が強かったり。選手はそうした全人的なコーチ像を見ています。

チームが強くなればなるほど、選手の感性は研ぎ澄まされてくるのでコーチを見る目は厳しくなります。そこで**嫌われるのは、人をうまく操ろうとする「操作主義」や、自分の言ったことに責任を持てない「責任の押しつけ」なのです。**

以上はスポーツのコーチングについてですが、会社でもチームを率いて高い目標を目指そうとすればするほど、同じようにメンバーの真剣な目線にどう応えるか、が問われます。

大学は機械工学科を卒業したので、自動車会社に行った友人がたくさんいます。その中で、日産自動車で働いている何人かの友人から、同社を再生したカルロス・ゴーン氏の話を聞いたことがあります。

複数の友人が異口同音に「これをやればうまくいくと思えてくる」「考えもしなかったアイデアや特殊なノウハウではなく、これなら自分にもできると思えることを言う」「精神論に聴こえない」というのです。あれだけの成果を残し続けておられる方ですから、ありとあらゆる面で大変なレベルに達しているのだろうと思いますが、コーチングの真髄を見た気がしました。

名コーチは自分から近づく

選手とコーチを比べれば、選手の方がつらいに決まっています。コーチはお腹が出てもできることですが、選手は食事を制限して連日猛練習に耐えなくてはならないのです。「コーチは精神的につらいから一概にそんなことは言えない」などと言うと、選手に見下される隙をつくるだけです。

カルロス・ゴーン氏も一般社員と食事をしたり、テストコースに行って自らハンドルを握るなど、率先して現場とのコミュニケーションを大事にしました。チーム運営では選手の立場になって選手の気持ち、会社で言えばプロジェクトメンバーの気持ちを、どれだけ考えて話ができるかが大切です。表面的な横文字のテクニックを知らなくても、そのことが伝われば、普通の言葉がメンバーの心に響くことでしょう。

実は、コーチングの基本は誰でも経験していることなのです。受験を控えたお子さ

んがいれば、「その子とどうやって話をするか」、恋愛していれば「相手のことをどれだけ考えられるか」などと基本的に同じことです。小難しい横文字に惑わされるのではなく、日常生活で我々が大切だと教えられてきたことをいかにスポーツやビジネスの世界に持ち込めるかが、コーチングのベースとも言えます。

この項の最後に、三菱重工の時に見聞した二つのプロジェクトの話をします。

二つのプロジェクトは、機種も共通で受注金額も同程度でしたがプロジェクトマネジメントの方法に大きな違いがありました。話を分かりやすくするために、AプロジェクトとBプロジェクトとして話を進めましょう。

Aプロジェクトのリーダーは業務経験が豊富な年配の方です。技術面、国情の面で検討課題が多かったこともあり、毎週2、3時間、プロジェクトメンバーを集めた会議を招集していました。コスト管理も厳しく、海外出張はすべてディスカウントエコノミーを使っていました。しかしながら、色々な事情もあって、残念ながら、プロジェクトはかなりの赤字を出すことになってしまいました。

Bプロジェクトのリーダーは海外工事の経験はあるものの新進の若手です。定期的な会議は持たず、その時々の課題に応じてプロジェクトリーダーが各担当のところを回って問題解決のための検討を行いました。メンバーを招集するプロジェクト会議は、大量の製品の出荷など重要なイベントの時に限りました。コストについては、海外出張の飛行機をビジネスクラスのままでできるだけ安く調達するに留め、取引先との契約交渉や新しい輸送ルートの開拓などによるコストダウンに精力を傾注しました。結果として、計画を大きく上回る黒字を出しました。

ノウハウがなくてもスタッフは動く

海外プロジェクトは様々な要素が絡み合うので結果だけを見てすべてを評価することはできません。しかし、前述した比較の中で二つのことを指摘できます。

まず、Aプロジェクトが中央集権型であったのに対してBプロジェクトが現場重視型であったことです。Aプロジェクトではリーダーの下に定期的にメンバーが集まって議論していましたが、この方法では会議中の稼働率が低くなりますし、問題意識も散漫になりがちです。メンバーも、「召集されている」という意識があります。

Bプロジェクトはプロジェクトリーダーが問題の質に応じて各部署を往訪するので、議論に関係のない人が時間を割く必要もありませんし、特定のテーマに集中した議論ができます。メンバーにしてもリーダーが足を運んで来るので、前向きに議論する気持ちになります。また、大きなイベントを前にしてプロジェクト会議を行いますので、イベントに対するプロジェクトチームとしての集中力が増します。

二つ目はコストの意識です。**誰しも、給料や自分自身の環境整備のための資金とモノを買うための資金を一緒にされることは好みません。「人もモノも一緒」というコストカットはメンバーのモチベーションを下げます。**モチベーションは利益の源泉ですから、こうなればジリ貧のためのコストカットを行っていることになってしまいます。

「人に関するコストは何とか守るから頑張って効率化を達成してくれ」という気持ちがメンバーの意識を高めるのだと思います。結果論の面もありますが、前述したAプロジェクトとBプロジェクトでは、メンバーのモチベーションに差がありました。

以上から言えることは、プロジェクトのリーダーにとって大切なのは、頼りがいもさることながら、メンバーに「この人がいて助かる」「この人は自分たちのことを考えてくれている」という気持ちを持ってもらえるかどうかです。

マネジメント、コーディネート、コーチング、といった横文字のノウハウは、「メンバーへの気遣い」というアナログなベースがあってこそ効果を発揮するのです。

自分だけの
スピード感を
身につける

5

スピードが上がれば仕事の質も上がる

面白い仕事をするための五つ目のポイントは仕事をこなすための能力を身につけることです。「自分仮説を立てて」「10分の2の人と付き合って」「自己アピールをして」「チームメンバーのことを考えて」も自分自身の仕事の能力が低くては面白い仕事はできません。「あいつは色々考えていて、チームへの配慮もあるけど、仕事の能力がね」ではうまくいくはずがないのです。

仕事の能力といっても色々なものがあります。

「面白い仕事するためにいちばん大事な能力は何だ」と聞かれたら、私は迷いなく「生産性」と答えます。私の仕事には「発想力」が非常に重要なのですが、「いちばん大事なことは何か」と聞かれれば迷わず「生産性」と答えます。これは、野球で勝つために必要なのはホームランや（ピッチャーが奪う）三振ではなく、「エラーのないこと安打である」というのと一緒です。個人としての仕事の生産性こそ、あらゆる職場で通じる仕事の能力の基本です。生産性自体も定義の要る言葉なので、以下ではもっと単純に仕事の「スピード」として話をしましょう。

「スピードが大事だ」というとそれこそ体育会系的な雰囲気を感じるかもしれませんが、スピードは次に挙げるようなメリットをもたらします。

①チャンスが広がる

「面白い仕事の担当を決めたい」と思っている場合、**現状の仕事で四苦八苦して深夜残業を続けている人よりも、テキパキと仕事をこなして多少余裕があるように見える人の方をアサインしたくなるのは当然です。** また、余裕があるからこそ、「自分を売り込む」のところで述べたアンテナを張ることもできます。

社外ではもっと顕著な差が出ます。あるお客さんが、「こんなこと検討しているんだけど」という話をしてくれた時、いかに早く提案できるかは営業上の重要なポイントです。もちろん、多少遅れても提案の内容が優れていれば受注できるかもしれませんが、質が同じなら速い方が断然有利でしょう。

②質が上がる

提案書、設計書、計画書等、重要な書類をつくったとしましょう。十分にシナリオを考えて、間違いがないように、分かりやすいように書くのは当然ですが、人間の頭はその場ですべてのことに気がつくほど精密にできてはいません。

その時は「できた」と思っても、次の日になって「あそこは、こうしておいた方がよかった」「あの辺が間違っていた」ということがあるものです。

ですから、私は「資料を寝かせろ」とよく言っています。「何となく気がつく」という過程を経るか経ないかで書類の質は相当に変わってくるからです。我々の業態でも、お客さんとの打ち合わせの前日に徹夜で資料を作るのが癖になっている人がいますが、「何となく気がつく」機会もなく、頭が朦朧として、疲れきった状態でよい資料などできるはずがありません。特に、戦略性のある資料を作る場合は、この「気がつく」時間が必要です。

③リスクが減る

手早く検討をまとめておけば、リスクに気がつく可能性も高まります。また、スピードがあればリスクが顕在化した時に素早く対応できるので、被害を最小に食い止めることができます。迅速な対応はリスクマネジメントの基本です。

トラブルを収めるのにも役立ちます。お客さんが怒っている時、すぐに資料を出せば、多少粗があっても許してもらえますが、時間が経ってから出した資料に間違いがあったら「火に油」ということにもなりかねません。

「スピード重視」というと質を軽視しているように聴こえるかもしれません。しかし、**ビジネスの現場ではゆっくり考えることで質が高まったり、リスクが減っている例は決して多くありません。**むしろ、「仕事のスピードが速い人は質についてもそれなりのレベルを出している」というのが実態だと思います。にもかかわらず、質を上げるための何の根拠もないのに「スピードより質重視で」と言う人が意外なほど多いのです。

次に「どうやったら仕事のスピードを上げることができるか」を考えてみましょう。

スピードを上げるコツとは?

仕事のスピードを上げるには、次の四つのコツがあります。

①取捨選択をはっきりさせる

仕事の遅い人を見ていると、今考えても、情報もなく結果が出るはずのないものを長々と考えていることがあります。準備のできていないことに時間をかけるのは無駄です。

仕事は概ね三つに分かれます。一つ目は、今考えればすぐに答えが見つかるもの。これについてはさっさと片付けてしまいましょう。二つ目は、仕込みが必要なもの。これは、仕込みだけしておいて機が熟すのを待っていた方がいいです。三つ目は、情

パート管理（イベント関係の場合）

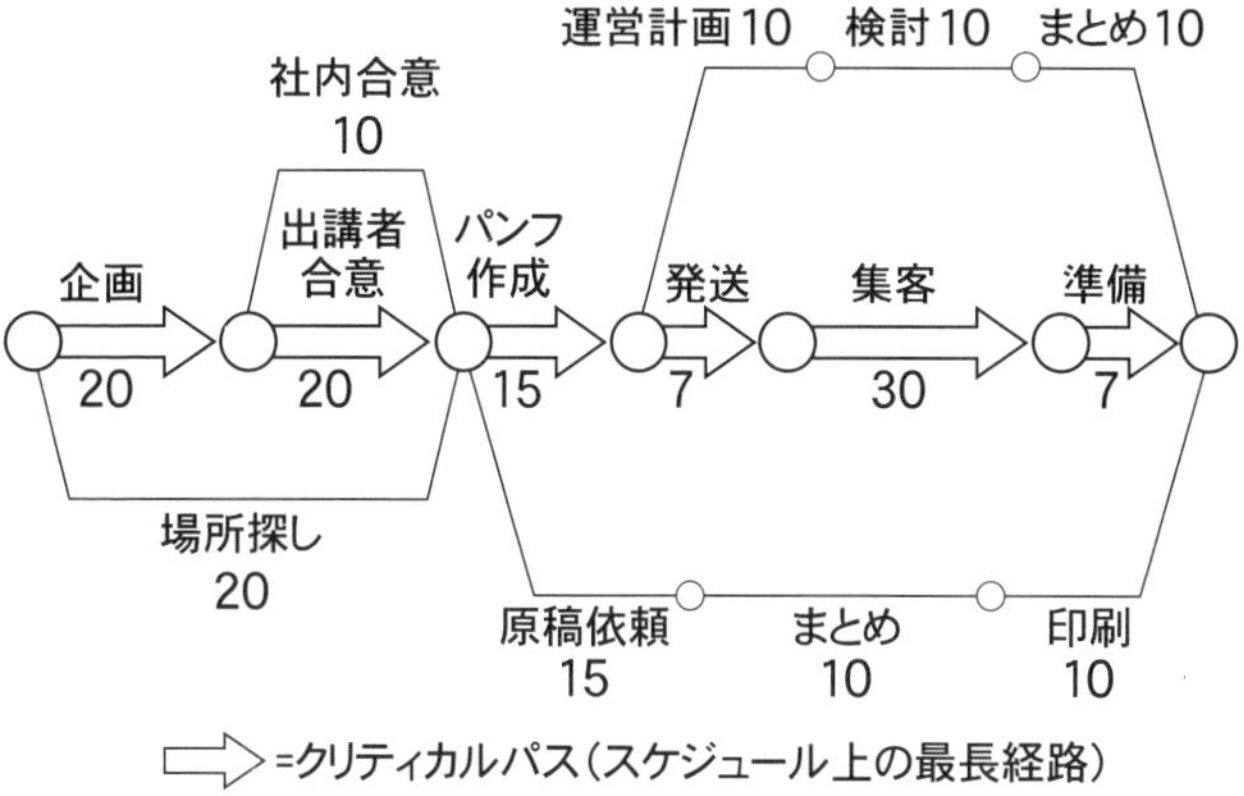

報も材料もないので解決のしようがないもの。これについては、「こんな問題がある」ということだけを覚えておいて、手はつけないほうがいいのです。

今考えても仕方がないことに時間を使っていると、結局は後で同じことをやらなくてはならない羽目になりがちです。ここ1、2ヶ月を振り返って、「同じことに重複して時間を使った」経験が何度かあったら要注意です。

②パート管理

パート管理とは仕事をいくつかの要素に分解して、各々の前後関係を考えながら分解、組み立てを繰り返すことで一つのまとまったアウトプットとして仕上げていくことです。

自動車であれば、自動車会社が設計して、色々なところに部品を発注して、納入する時間を決めて、集まった部品を組み立てて最終的な製品となります。

ビルを立てる場合は、ゼネコン（建設会社）が全体の設計を決めて、色々な企業に仕事を発注して、スケジュールを合わせて全体をとりまとめます。

こうした考え方を個人の仕事にも取り入れることができます。そうすると、自分の仕事のために並行して複数の人が働いているので、仕事のスピードは画期的に速くなります。

パート管理の基本は、「できるだけ多くの作業を他人に頼もうと工夫すること」「自分がやる作業よりも他人に仕事を頼むことを優先すること」です。目先の仕事を片付けなくてはいけない、というプレッシャーは誰にでもありますが、それに負けて仕事を頼むことが遅れてしまうと、パート全体が崩壊して、結局は自分で尻拭いをしなくてはいけないことになってしまいます。不安に負けて、夜中に一人でコピーを取るようなことにはなりたくないものです。

③付加価値の低い仕事は他人に任せる

話を単純にするためにスピードの話をしましたが、**生産性というのは、【速度】×【付加価値】のこと**です。つまり、どんなに速く頭を動かしても、付加価値の低いことをしているようでは生産性は上がりません。例えば、1ヶ月に何十万円も給料をもらっている人が簡単な資料の整理などをしていてはいけません。

「俺の時間はこんなことをするためにあるんじゃない」という意識を持たなければいけません。自分の時間に対するプライドのない人の時間が充実するはずはないのです。

大事なのは「パート管理で分解した付加価値の低い仕事はコストの安い人にやってもらう」という意識を徹底することです。 例えば、報告書を作る仕事をしている場合、いちばん付加価値の高い仕事は、「骨子を考えること」「データを分析すること」「結論を書くこと」です。「資料を集めること」「表やグラフを作ること」「書類の体裁を整えること」はアルバイトを雇えばできることです。

アルバイトができることをやってしまっているうちは、あなたの付加価値が高まることはありません。我々のオフィスでは「研究員がパソコンで図を作ってはいけない」と言っています。パソコンを使ってきれいな図表を作っていると、あたかも高度な仕事をしているように思いがちですが、そんなことはありません。

どんな人がやっても、パソコンで図を作るより、鉛筆で自由に図を描いた方が速いですし、ソフトウェアのコマンドに規定されない自由な発想ができます。図を作る場合には、手書きした図表をセンスのよいアルバイトに清書してもらえばいいのです。研究員のように専門性を求められる人がパソコンで作る図のデザインのオリジナリティにこだわって貴重な時間を使うのは意味のないことです。

④脳を使い分ける

人間の頭脳のうち、右脳は創造的な仕事をするのに適していて、左脳は事務的な業務をこなすのに適していると言います。経験上、**右脳と左脳を短時間に頻繁にオンオフすると効率が悪くなります。** 右脳を働かすためには、ある程度の時間が必要ですし、事務的な業務のスピードを上げるためにも「作業が調子に乗ってくる時間」が必要だ

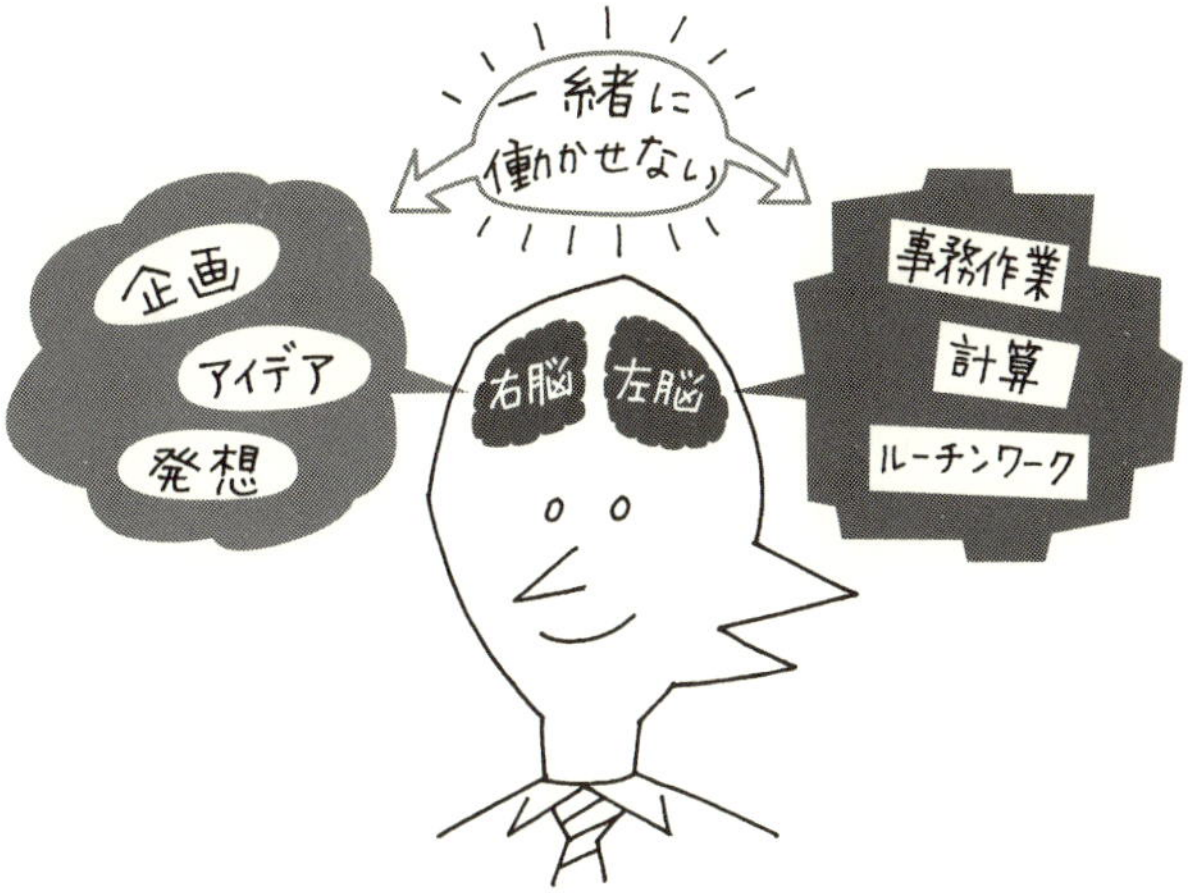

からです。

ところがこの二つをゴチャ混ぜにして仕事をしている人が多いのです。例えば、右脳を働かせてストーリーを考えて、決まったら文章を書いて、今度は手を休めて図表を作って、終わったらまたストーリーを考えて、という感じです。こんなやり方では誰がやっても仕事のスピードは上がりません。

仕事のスピードを上げるためには、例えば報告書を書く仕事なら、まずは「ストーリーを考えて」「頭出しを作って」「どんな資料が必要かを決めて」しまいます。ここまでの仕事は完全に右脳です。

文章を書く作業は右脳に頼っていると、書

くスピードは上がりません。ストーリーに沿った頭出しがうまくなると、後はそれを見て何も考えずに左脳的に文章が出てくるようになります。こうした**体の反射を作ることが大切です。**

図表や資料を作るときは、音楽でも聴きながら体をリラックスさせて、機械になったつもりで、テキパキと作業を進めます。こうした仕事の流れをつくることで効率は大幅にアップするはずです。

右脳と左脳について、もう一つ加えておくと、左脳に比べて右脳というのは「気ままなところがある」ということです。左脳はその点素直ですが、右脳については「何らかの刺激がないと動かないものだ」という理解が必要です。例えば、景色を見ていて「そうだ」と思いつくことが多々あります。

アイデアを出そうとして会社の机にかじりついて一生懸命考える人がいます。神経の反射は一種の自然現象ですから、「アイデアを出せ」と言われてもそんなにたやすく出るものではありません。「出るか出ないか分からないもの」を強引に出そうとするのは実につらいことです。また、緊張していると「出るものも出ない」ということもあります。

会社の机では、いつ上司や同僚から声をかけられるか分かりませんし、電話がかかってくるかもしれません。つい、メールを見たくもなります。こんな状態でアイデアは出ません。机にかじりついてアイデアを出そうとする行為は、自然現象に反した非効率かつつらい行為なのです。「出ないものは出ない」のですから机にかじりついても仕方ありません。

「気ままな右脳」と付き合うためには、気ままさに合わせることが大切です。リラックスしている時、何らかのヒントがあった時に自然に湧き出てくるアイデアを拾い上げるのです。そのためには、「出るものが出た」ときにアイデアをメモるための準備をしておくことが必要です。ポケットに小さなメモ帳を忍ばせておいてもいいですし、携帯で自分のパソコンにメールしてもいいでしょう。

こうして拾い集めた発想を机に向かってつなぎ合わせれば、仕事のアウトプットになります。言い換えると、**会社の机というのは、作業をする場所であって考えるところではないのです。**

インターバルトレーニングのイメージで仕事をする

仕事のスピードを上げるための五番目のポイントはインターバルトレーニングです。仕事を陸上競技にたとえたら、何だと思いますか？　１００m走でしょうか、マラソンでしょうか、それとも、中距離の１５００mや３０００mでしょうか。どれも違います。恐らく、スポーツのトレーニングメニューにある、インターバルトレーニングがいちばん仕事のイメージに近いと思います。

インターバルトレーニングでは、例えば、１００mを10本と決めて、決められたタイムの中で何度もダッシュを繰り返します。ダッシュの間はごくゆっくりジョギングしたり、歩いたりします。

日常の仕事を見ても、９時からお昼の12時まで休みなく仕事をしていることはほとんどありません。人間の集中力はそんなに長くもたないからです。個人的には**人間が集中できるのは1時間前後**ではないかと思います。間に休みを入れないともちません。それが自然なのです。

その意味では、学校の授業は実によくできていると思います。教育が始まったころの賢人の知恵なのでしょう。何時間もダラダラと仕事を続けているより、学校の授業のイメージでメリハリをつけた方が仕事の効率はずっと上がるはずです。

ただし、個人によって体のリズムや仕事の内容が違うので、インターバルの間隔は人によって変えた方がはかどります。学校で一斉に休憩時間に入るのは、先生が一人で生徒が大勢だからです。個人の専門性を高めようと思っているオフィスなら、個人個人にあったリズムを選ぶことができます。

インターバルトレーニングで一つ大事なのはスピードを計測できることです。「あなたの仕事のスピードはどのくらいですか」といって応えられる人は少ないと思います。ただ、自分のスピードが分からない人がスピードを上げることはできないはずです。何を目標にスピードを上げようとすればいいか分からないからです。
私の場合、仕事の合間を縫って本を書いていることもあり、文章を書くスピードは大体決まっています。パソコンで1ページ書くために要する時間は、ストーリーが完全に頭に入っている場合で20分強、普通は30分が目安、40分を超える場合は準備不足、という具合です。こうして作業の時間が言えるようになったのは、インターバルトレーニングの賜物です。

スピードを上げるためには繰り返しの練習が必要です。同じオフィスにいる若手には、2、3時間後のアウトプットの目標を立てて仕事をするようにアドバイスしています。

人間の体である以上、対象がスポーツだろうが仕事上の作業であろうが一緒です。スピードを上げるためには、時間を区切って作業量の目標を立てて「それをクリアしていこう」とするしかないのです。
多くの人の仕事の仕方は、1500mの選手がタイムも計らずにやたらと走り回っているのと似ています。あるいは、毎週休みもなく何を目的にしているのか分からない練習を長時間繰り返す高校の運動部のようです。

インターバルトレーニング的な仕事の仕方を他人に強制されたらかなりつらいと思います。しかし、幸いなことに、まだこうした厳格な仕事の仕方を採用している会社はないでしょう。言い換えると、自分のペースでスピードアップを図るには今がチャンスなのかもしれません。


仕事のスピードの話を読んで、かなりストイックなイメージを受けたかもしれません。そうした面があるのは否定しませんが、すべては目的があってのことです。きちんと睡眠がとれて、夏休みは避暑に行き、冬はスキーに行き、予定がディスターブされず、月に何回かは友人と飲みに行き、面白い仕事をするためには、仕事の能力、特にスピードが必要なのです。

多少ストイックだとしても、休みの予定はしょっちゅうキャンセルされ、毎日寝不足、面白い仕事は他の人に取られてしまう、というよりはずっとましじゃないですか。

1日を26時間にする方法

6

全力疾走はするな‼

前の章で仕事のスピードを上げるためのポイントを話しましたが、その大前提となるのが「自分のペースをつくること」です。自分のペースを知らないのでは、どのくらいスピードを上げていいか分からないからです。

あなたが、**仕事のことを真剣に考えるのであれば、１００％のスピードで走ってはいけません。**マラソンを真剣に考えている人が、ラストスパート以外では決して全力疾走しないのと同じです。

オリンピック級のランニングの選手であれば、どんな種目の選手でも１００ｍを11秒くらいで走ると思います。これがマックススピードです。

１５００ｍの世界記録は３分30秒くらいです。１００ｍに直すと、14秒で走ってい

ペース配分（ランナーの場合）

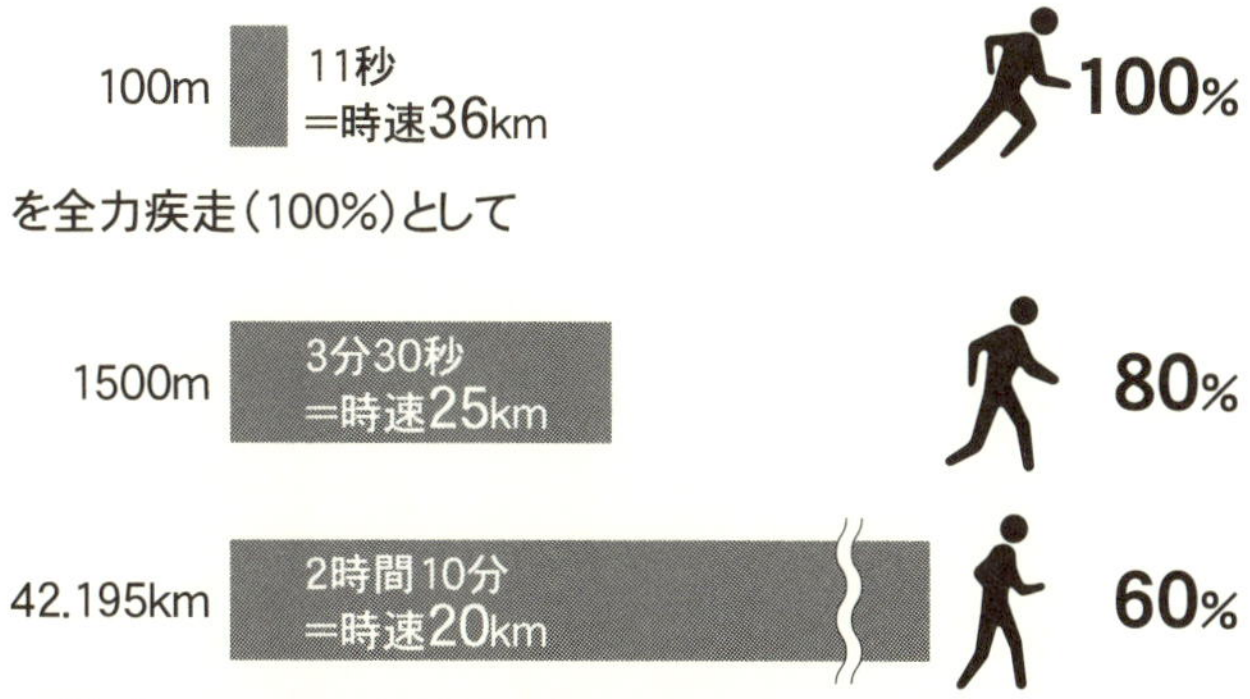

距離が長くなるほど平均時速は下がっていく

ることになります。だいたい80％のスピードで走ることが最も効率的であることを示しています。

マラソンのタイムは2時間10分くらいです。１００ｍに直すと18秒くらいです。そのくらい長い距離になると、60％までスピードを落とさないと最も効率的なペースにならないのです。

このように人間の体というのは、継続する時間によって最も効率的なテンションが変わるようにできています。例えば、１００ｍを14秒でしか走れない人が１５００ｍを３分30秒（１００ｍ14秒のペース）で走れることは絶対にありません。

仕事でも周りに合わせて全力疾走するようでは面白い仕事はできないのです。

つまり、**面白い仕事ができるようになるためには「仕事のスピード」が必要で、仕事の量をこなすには「仕事のペース」が大切ということです。**いくら仕事をたくさんやらなくてはならない、といっても睡眠時間を削って体を壊したのでは何にもなりません。ナポレオンのように毎日3時間しか寝ないですむ人もいるかもしれませんが、普通の人なら2〜3ヶ月も続ければ体を壊してしまいます。

どのくらいのペースで仕事をするかは、どのくらいの期間を対象にするかで決まります。自分に合った仕事のペースに見つけるための一つの目安として、まとまった休みの期間が考えられます。例えば、ゴールデンウィークから8月の夏休みとすれば概ね3ヶ月です。日本ではだいたいこのくらいのピッチで連休が取れるようになっています。

さすがに、ビジネスマンで毎日8時間寝ることを前提にすることは難しいでしょうが、ウィークデーに6時間くらい睡眠を取るようにすることは可能です。このペースなら、3ヶ月間くらい持ちこたえられる人は結構いるでしょう。

これをベースにして、仕事の強度が上がった場合はできるだけ平均的に強度を上げます。例えば、1週間を目安にして、平均睡眠時間を5時間にして乗り切ろう、ということです。これが2~3時間になってしまったら、もつのは2、3日でしょう。こうなると完全にスケジュールミスです。

心身の疲労は「面白くない仕事」のはじまり

先日、ある若者が「何か目的があると一生懸命やるんですが、なくなるとダラけてしまうんです」と言っていました。これでは自分のペースがありません。我々は物事を処理するために生きている訳ではありません。物事に対して自分の体を動かすのではなくて、**自分自身が一定の効率的なスピードで動いていて、そこに、やるべき事が放り込まれる、という感覚を持ってください。**

大切なことは、「3ヶ月間の積分値を大きくしよう」という考え方です。一時のピークを高くするのではなく、ある期間内の仕事の量を最大にするのです。例えば、「徹夜で仕事した」というとすごい量の仕事をしたと思うかもしれませんが、人間である限り徹夜をしたことによる疲労は必ず出てきます。1週間で見れば、平均的に睡眠時間を削って、1週間もちこたえるような仕事をした方がトータルの仕事量は必ず多くなるはずです。

大型連休の間の**3ヶ月間のペースの条件は、「土日のどちらかに2、3時間多く睡眠をとれば、週末にスポーツで体を鍛えて、ドライブに行ったり、映画に行ったりする余裕がある」**ことです。3ヶ月間こうしたペースを守るために6時間の睡眠が必要な人が、仕事が忙しく5時間しか寝ない週があったとすると、その週末は疲れて寝て過ごすことになるでしょう。これが常態化することが、面白くない仕事の始まりです。マラソンのスタートを1500m走のペースで飛び出しているようなものです。

スケジュールが乱れることによって次に挙げる三つの問題が出てきます。

①心が疲弊してしまう

長期的な睡眠不足は体の芯に疲労を蓄積させます。人間の体は、一種の防衛本能が働いているらしく、「疲弊していると新しいことをやろうとしなくなる」のです。つまり、「積極性がなくなる」という反応を起こします。

疲弊しきった人が「もう、どうでもいいです」とキレる時です。

いつもバイタリティのある人は健康管理ができているものです。ここまで話してきたように、自分を売り込むにしてもスピーディにチャンスをものにするにも前向きさが必要です。バイタリティが失われるような生活を続けていれば、いつの日か面白くない仕事をすることにつながってしまうのです。

②何かが起こった場合に受け止めるだけの余裕がなくなる

マラソンでも1500m走でも、全力のペースでスタートすることはありません。強い選手ほど、初めは先頭から少し遅れたところを走っています。独走するのは勝負を決める時だけです。それまでは、相手とどんな駆け引きがあっても対処できるように80%程度のスピードを維持して走り続けます。

仕事も一種の駆け引きです。どんなに段取りをきちんとしたところで、予想外のことは起きます。全く余裕のない生活をしているとトラブルに出会って何の対処もできずにボロボロになってしまうのです。

自分のペースを守る生活をしていれば、こんなことはありません。先に述べたように、睡眠時間を平均的に削って持ちこたえられますし、土日をつぶして乗り切ることもできます。仕事のために余暇をつぶすことは基本的にお勧めできませんが、いざという時の蓄積にはなります。

③付加価値がなくなる

会社の中は人材のマーケットです。仲間とギスギスした競争をすると思いたくはないですが、優れた人が大事な仕事にアサインされることは事実です。

一定の基準で採用されたのですから、会社に入った段階では能力に大きな差はありません。だとすれば、後々になってあらわれる差は会社に入った後の経験によることになります。しかし、同じ会社にいる人が仕事の内容だけで素養に差が出る訳ではありません。「同じ会社にいて、同じような仕事をして、同じくらい頑張っている人を差別化できる」と思うのは根拠のない楽観主義です。

「人と違うことができるようになるためには、人と違うことをすることが必要」と考える方が確かです。

他人ができないほどの努力ができればいいのですが、無理して疲れ果ててしまっては本末転倒です。できるだけ負担のかからない形で人と違うことができるに越したことはありません。そこで大切なのが自分自身のペースに合った生活なのです。趣味でもいい、スポーツでもいい、ボランティアでもいい、対象を絞ることはありません。重要なことは、興味や好奇心を忘れずにいることです。


毎日仕事をしていると、こうしたことを忘れがちです。真面目な人ほど「土日にやればいいや」「出張の時は最終の新幹線で移動すればいいや」という考えに陥りがちです。でも、本心で「土日に会社に来たい」「出張先のホテルに深夜に着きたい」と思っている人はいません。誰だって、土日は旅行でもした方がいいですし、せっかくの出張なら少し早く行って現地の美味しいものを食べた方がいいはずです。

にもかかわらず、**土日に出勤することが常態化したり、深夜の移動ばかりしている**

人は、心の中にある好奇心や感性に蓋をしてしまっているのです。

土日に出勤しないように毎日の仕事のテンションを上げるのはつらいことかもしれませんが、サラリーマンも好奇心を失ったらおしまいなのです。仕事に一生懸命になるあまり、知らず知らずのうちに「スレイブな奴」になってしまっている人がいます。

「やりたいことを諦めない」「好奇心を持ち続ける」。その気持ちが面白い仕事をするための源泉なのです。

スケジュールは先手必勝！

「自分のペースをつくる」というと、「そうは言っても、上司に仕事を入れられてせっかくの予定がキャンセルされる」と言う人がいます。若い人なら、上司からの指示でしぶしぶ予定をキャンセルした経験があるでしょう。

こうした事態をできるだけ少なくするコツは、「自分のスケジュールを先出しにする」ことです。スケジュールというのは原則先手必勝なのです。

夏休みの予定をなかなか言わない人がいます。そもそも、知らされていないのですから、上司に予定を入れられても仕方ないところがあります。これで文句を言ったら、上司だって「そんなこと早く言ってくれよ」と言いたくなります。まずは、できるだけ前もって言うことを習慣づけましょう。**自分のスケジュールを先出ししておけば、どんな人でも多少は配慮してくれるものです。よほど変わった人でなければ、人の予**

定をキャンセルさせることに後ろめたさはあるものです。

しかし、ここで二つのことに気をつけなくてはなりません。一つは、上司が能力のない場合、あるいはリスクのある仕事の場合に、「ごめん、何とかしてくれ」と泣きつかれることです。そして、もう一つは、「お前ばかり勝手なこと言ってんじゃない」と言われることです。

このリスクを何とかしないと、いくら自分のスケジュールを守れても、「単なる自分勝手な奴」に終わってしまいます。自分のスケジュールを守りながら、勝手な奴と思われない方法は二つあります。

一つは、「For the Team」のところで言ったように、プロジェクトメンバーに「この人がいて助かる」と思われるようになることです。何も他のメンバーのため始終走り回れ、と言っているのではありません。ちょっとしたところで、他人より早く、気を遣ってあげることです。

例えば、「何かのイベントがある時、会場のセッティングや後片付けのための仕事を積極的に担当する」あるいは「ちょっとした調べ物がある時に自分から引き受ける」などです。あまり負担の大きな仕事を引き受けるのは、「面白い仕事をする」という本来の趣旨に反しますし、長くは続きません。「1時間以内で終わることにすばやく体が反応する」というイメージが大切です。

組織というのは誰かがやらなくてはならない仕事を率先して引き受ける人を軽んじることは難しいのです。

もう一つは、スケジュールとコミットメントを引き換えにすることです。前の話は本来の仕事以外の雑務ですが、実務の上でもFor the Teamをどうやって表現するかが大切です。ここでのポイントは、上司から指示される前に、「この仕事は私がやりましょう」とか「この仕事は明後日の朝まで仕上げます」というように自分からコミットメントすることです。

面白い仕事は「嫌な仕事」から

ところで、「面白い仕事をする」ことと「嫌な仕事はやらない」ことは違います。「面白い仕事をする」ということは、「嫌な仕事をやらない」ことを意味していません。むしろ、組織の中で面白い仕事をするためには、「本来やりたいと思っていない仕事でもある程度引き受ける」という**取引感覚が必要です。**

芸術家でもない限り、面白いと思う仕事だけをやっている人は少ないはずです。我々のような比較的自由度の高い業態でも、2、3割は必ずしも本意ではない仕事があります。一般の企業でも、例えば自動車会社なら、「この会社は本気でこんな車を作りたいと思っているのかな」と思う場合があります。

ここで、「では、必ずしも本意ではない仕事をどのくらい引き受ければいいのですか」という質問が想像できます。それは、その人のポジションによります。会社に入ったばかりで面白い仕事が半分もあるようなら、仕事選びの天才か、もともと大した主張がないか、奇跡かでしょう。新人なら、「とにかく今年は何としてもこの仕事はやる」という一点狙いだと思います。For the Teamのための仕事をするのは「面白い仕事をするため」と割り切ってもいいと思います。

For the Teamという考えには、もっと深い解釈があるのですが、ビジネス経験も十分でない、あるいは仕事の面白さを十分に実感できていない段階で、理念から入るのは難しいと思います。まずは、「For the Teamを考えることが面白い仕事をするための必須条件だ」と割り切って自分の仕事の環境作りに努めたらいいのです。何度かTeamのために動くようになれば、For the Teamの持つ本当の意味も見えてくるはずです。

その時にこそ、「面白い仕事を作り上げることができるようになっている自分」に気がつくことでしょう。

「上司の目線」で仕事を広げる

コミットメントする際のもう一つのポイントは、上司の思いを先取りすることです。

平社員は係長の気持ちに、係長は課長の気持ちに、課長は部長の気持ちに、管理職になったら経営者の気持ちになって考えろ、という話があります。いずれも「自分より少し上の目線で仕事ができると自分の仕事がよく見えてくる」ということです。

上司の思いを先取りできることは重要です。組織である以上、いくら自分が「こうしよう」と思っても上司の意向を無視するわけにはいきません。ある仕事のアイデアが浮かんだら、**「この会社ならこういう判断が通る」「自分の上司ならこうした判断を支持する」という点を考え、落としどころを見出すのです。**

これができれば「あいつはよくものが見えている」という評価になります。

上司は長年の経験で物事を見る目はあるかもしれませんが、仕事の中身をいちばんよく知っているのは担当者に決まっています。また、上司は担当者よりも広い範囲の仕事をしているので一つの仕事に振り分けられる時間は限られています。したがって、担当者から次のアクションを上司に提案することは可能なはずです。

ただ、経験不足で「こうしよう」という解が見つからない人がいるかもしれません。また、「勝手に考えるな」という上司もいます。そうした場合は、判断材料になる情報を持って相談に行けばいいのです。検討すべき問題点と目指している落としどころ、それにスケジュール、コストの状況、お客さんの意向や感触、などをテキパキと示してください。たいていの人は経験に基づいた指摘をしてくれるはずです。


ここまでの話は、一歩間違えると、会社に媚びた動きに見えるかもしれません。

その指摘は当たっているかもしれません。しかし、媚びることが恥ずかしいのは、保身や自分の努力不足をカバーしようとしている場合です。**よい仕事、面白い仕事をすることを目的として上司や会社に気を遣うのは仕方のないことです。**仮にベンチャービジネスを立ち上げて社長になっても、お客さんに気を遣うでしょう。目的があれば気を遣うのは当然のことです。

隙間時間をチェックしよう

「面白い仕事をするために自分のペースを作れ」「睡眠時間を確保しろ」といっても、「そんな時間はない」という人は少なくないでしょう。そうした場合は時間をうまく使うことを考えてください。

1日は24時間ですが、うまく使えていない時間がかなりあります。

昨日どんなことにどのくらいの時間をかけたかチェックしてみてください。朝食に20分、トイレに5分、駅まで10分、会議に1時間10分、といった具合です。こうしてリストアップしてみると、二つのことが分かります。

一つは、「どんなにきちんとチェックしても合計が24時間に達しない」ということです。毎日の生活の中には使途不明時間がたくさんあるのです。

もう一つは、例えば、トイレの中にいる時間、電車を待っている時間など、「もう少し付加価値を上げたい」と思う時間がかなりある、ということです。

これをできるだけうまく使うのです。

朝の通勤電車の中を見回すと、運よく座れている人のうち、何と多くの人が寝ているることでしょう。あるいは、何と多くの人がボーっと立っていることでしょう。毎日かなりの時間を通勤に使っているのにもったいないことです。

まずは通勤時間を充実させることを考えます。

電車の中では色々なことができます。新聞、雑誌、書籍、書類を読むことはもちろんのこと、多少空いていれば書類をチェックしてメモを書くこともできます。座ることができればパソコンを使うこともできます。

電車で通っている人の多くは、毎日往復1時間以上を電車の中で過ごします。どんな人でも、毎日1時間余計に時間が使えるようになれば、忙しさのかなりの部分が解決するはずです。にもかかわらず、こうした時間を効率的に使うことに無頓着な人が多すぎます。

余剰時間のリストをつくれ！

（例）

睡眠	6時間30分
朝食	10分
準備	15分
徒歩	8分
電車	35分
資料整理	45分
会議	1時間
メール対応	50分
会議	45分
⋮	⋮

1日の合計＝20時間 ➡ **4時間をうまく使う**

私の場合は、朝9時からの打ち合わせはできるだけ避けます。電車が混んで何もできなくなるからです。仕方ない時は、もっと早く出勤してラッシュを避けます。カバンの中には、パソコン、書類、書籍、などさまざまな仕事道具が入っています。電車の中の状況（座れる、空いている中で立っている、混んでいる等）に応じて、することを変えるためです。

電車の中だけではありません。お客さんにところに行く時は、社内でグズグズしていないでサッサとお客さんの事務所の近くに行って喫茶店にでも入ります。そうすれば、早く着きすぎてお客さんの受付の前で待っているということもなくなります。また、飛行機の中での時間の使い方も決めてありますし、それに合わせてやることを携帯しています。

隙間の時間を使うためのアイデアはたくさんあるはずです。こうした工夫を積み重ねることで、1日に2時間近い時間を確保できるのではないでしょうか。そこで仕事をこなした分の時間を睡眠や余暇に回すのです。

電車の中でボーっと立っていても、お客さんの事務所の玄関で待っていても楽しくありません。それなら、「その時間を使ってやるべきことを少しでもやってしまい、浮いた時間で生活のペースを維持しよう」という発想をもちましょう。

「個人の生活のための環境づくりを誰かがやってくれる」と期待するのは間違っています。**「生活の環境は自己責任で作り上げる」という強い気持ちをもってこそ、足腰の強い生活のペースができるのです。**

7

得意技はありますか？

そのままでいい弱点もある

面白い仕事をするためには、「自分自身を売り込まなくてはいけない」と述べました。これを実現するためには、**「自分自身の売り物」を作らなくてはなりません。**

人間には弱いところも強いところもあります。そのバランスをうまくとっていくところに人生の面白みがあるとも言えます。

長所、短所の話をする時にいつも思うのは、「学生時代の偏差値志向にいまだに縛られている人が多い」ことです。海外の大学で学んだ人から、「大学で学んだことと仕事と直接関係がある必要はない。大切なのは、一つのことを理解しようと努力したことだ」という話を聞きました。その意味で言うと、学生が平均点を上げようと努力することに意味はあります。勉強それ自体がトレーニングの意味を持っているからです。

問題は平均点を気にしすぎることにあります。平均点の偏差値秀才がもてはやされ

学校の秀才と仕事のできる人

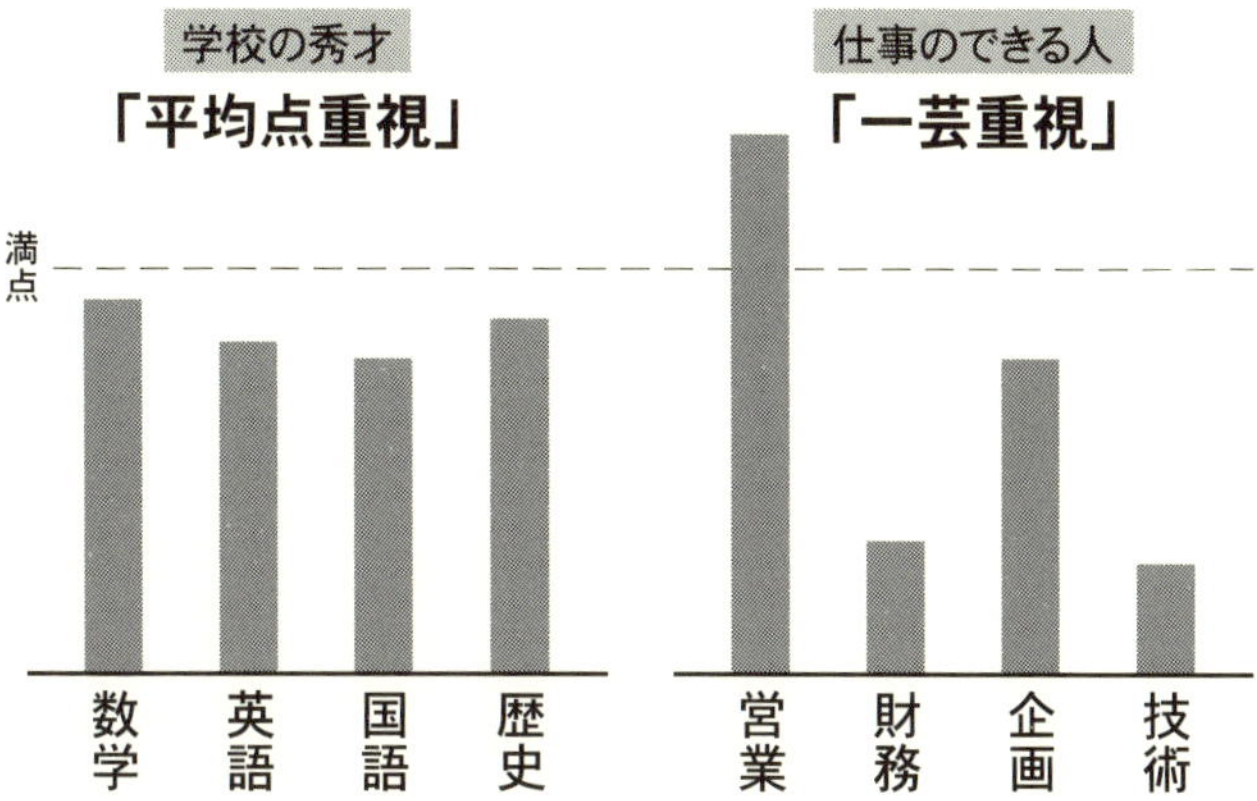

る学生時代の観念を払拭しましょう。自由競争の中で人と比較されるのは当然ですから、偏差値的な考えをしてもいいのです。ただし、これからは、平均点を高くしようとするのではなく、例えば、国語は赤点スレスレだが数学だけは常に100点にしよう、というくらいの気持ちでやりましょう。

学生時代に「あの子は頭がいい」と言われた場合、一般に「試験の対象となる科目の平均点が高い」ことを意味しています。しかし、**ビジネスの世界で「あの人は平均的に優れている」という評価を受けることは、まずありません。ビジネスの世界で言われるのは「一芸に秀でているかどうか」です。**

例えば、「営業をやらせたらあの人の右に出る者はいない」「ライセンス契約のことならあの人に聞け」「あの人は事業プランのコンペで圧倒的に強い」などです。

ビジネスの世界で面白いことをやろうとしたら、自分の強いところを徹底的に伸ばすべきです。「平均点を高めよう」と考えるのは非効率です。苦手なところにクヨクヨして、それを改善するためにストレスを高めるのは空しいことです。

例えば、営業には抜群のセンスがありながら、「事業計画などの細かい収支計算が苦手」という人がいたとします。恐らく、その人は言葉や文字に表れない人の気持ちや世の中の動きを読んですばやく適切に対応する能力や相手の気持ちをモチベートする能力に長けているのです。右脳左脳で言えば右脳的な人なのでしょう。にもかかわらず、左脳的な財務分析を強いることは二つの点で問題があります。

①せっかくの才能に負のインセンティブを与えてしまう

言い換えると、感性の豊かな人が色々と言われて「やる気がなくなる」のです。結果として、他の人にはない才能が開花しないのであれば、個人としても残念なことですし、会社にとっても損失です。

世の中は希少性にこそ価値を認めます。品質のよさに比例して報酬が支払われる訳ではありません。品質のよい製品はもともと生産量が少ないですし、多少需要が増えたからといって安易な増産はできません。だからこそ、高い対価を払ってでも、それを手に入れようとするのです。日本のような成熟した社会では人材についても希少性を活かせた会社が発展します。マネジメントする側から見れば、異才を発掘できるかどうかが重要なテーマと言えます。

②弱点を改善するための努力は投資に見合わない

普通の人と同じ時間をかけたにもかかわらず、能力が向上しなかったからこそ弱点なのです。したがって、弱点を改善するための投資は必ず効率の悪いものになります。それに、弱点を補強したところで、所詮人並みにしかなりません。つまり、企業としても個人としても他を差別化できない要素が増えるだけです。

弱点の改善にこだわることは合理的な投資行動とは言えないのです。

強みを消す弱点だけ克服しよう

我々が弱点を改善しなくてはならないのは、「弱点があるために強みが生きなくなってしまう」場合です。先の営業が得意な人であれば、せっかくよい案件を持ってきたのに、「収益計算が弱いために利益が出せない」といった場合です。企業であれば、「斬新な設計なのに、生産の精度が低いため故障が多く、顧客満足度が低い」という状況です。こうした場合に、「あなたのよいところを活かすため、この点を改善しよう」あるいは「他の人の助けを借りよう」と言えば納得感はあります。

営業の得意な人であれば、「ボタンのかけ違いをしない程度の財務の知識を学ぶ」か「財務の話が絡む時は必ずその分野に強い人を連れて行く」かのどちらかになります。お勧めは後者です。この方が間違いのない対応ができますし、能力に対する投資の効率も高いからです。

ただし、間違っても「専門性もない御用聞き的な古いタイプの営業マンになれ」と言っているのではありません。あくまでも、「各々が得意な能力を磨いたうえでお互いにサポートし合える形」を提案しているのです。こうすることができれば、「社員が各々得意な能力を磨き、お互いに尊重し合える」という企業像をイメージすることができると思いませんか。

ここで問題になるのは、「どうやって得意な能力を身につけるんだ」「得意なものがない人はどうすればいいんだ」という声にどう応えるかです。確かに、これまでの話を聞いて、「俺のこの能力を活かそう」と思える人は必ずしも多くないでしょう。しかし、冷静に考えてみると、**「我々は自分の得意技探しに真剣になった経験がそれほどない」**ことに気がつきます。そうした教育を受け、あるいは、気がつき、実行してきた人が少ないからです。自分が何に優れているのかを真剣に考えれば、程度の差こそあれ、たいていの人は何らかの形で得意なものが見つかると思います。

得意技を探してもいないのに、「得意なことがない」と言うのはやめましょう。

「得意技」を見つけるための三つの方法

得意技探しをする場合には、気をつけなくてはならないことがあります。

①「ノリ」

例えば、カーブの得意なプロ野球のピッチャーが、初めからプロで通じるカーブを投げられた訳ではありません。プロの選手になるずっと以前に、「俺のカーブ結構いけるかも」と思って練習したからプロで通じるようになったのです。つまり、得意技は何かのきっかけで発掘され、磨かれたからこそ得意技なのです。

どんな宝石も磨かなくては光らないように、人間の才能も色々な経験を通じて表面が削り取られることで、その存在を知るようになります。「営業をやってみたら意外なほど受けがよかった」「計画書を書いてみたら『分かりやすい』と言われた」といった経験を積み重ね、「気がついたら自信を持っていた」。得意技が生まれた経緯はそんなものです。

ですから、**得意技を身につけようと思うのであれば決してネガティブな気持ちになってはいけません。**「人に褒められたら素直に嬉しく思って」「俺っていけるかも」という「ノリやすい性格」になるくらいでいいのです。

②不得意と思っていたものが得意技に

私の場合、40歳になって毎年本を書くようになりましたが、自分自身が本を書くことになるとは夢にも思いませんでした。国語や作文は大の苦手だったからです。

私立大学の理工学部機械工学科出身ですが、私立理系には数学や物理は得意だが国語、古典、歴史といった文科系の学科はからっきし駄目、という人が少なくありません。私もこの典型でした。本を書けるようになったのは、高校の時の国語の先生の薦めで本を読むようになったことと、仕事で契約書の文を読み書きするようになったことだと思います。

習慣的に本を読んでいると、誰でも文章がうまくなる効果があります。契約書が役に立ったと思うのは、契約書には間違いのない正確な文章が書かれているからです。読み慣れない人にはわかりにくいかもしれませんが、ある程度慣れると、契約書の文というのは誤解のないように書かれていることが分かります。文学的なセンスはないが正確な文章、ということができます。そうした文章を読み書きしていると、自然と正確な文章が書けるようになります。

このように、不得意と思っていたことが、何かのきっかけで得意と思えることもあるのです。

ただし、できるだけ質の高いものに触れるように心がけてください。我々の時代は読書とは文学作品を読むことを指していました。外国文学が好きな人なら、ヘミングウェイ、ドストエフスキー、ゲーテなどを読んでいた訳です。日本で紹介されている外国文学は、いわば各国の代表の作家が書いた世界選手権シリーズのようなものです。

契約書は弁護士を始めとする法務に精通した人たちが読み書きする文章ですから、

文章の機能という意味では最も専門的なレベルにあります。

隠れた得意技を開花させるのは質の高い経験のようです。

③焦らずゆったりと構える

「得意技探し」をして、すぐに見つかる人は、恐らく普段から得意、不得意に関する意識のある人でしょう。今すぐ見つからないことにクヨクヨする必要はありません。そんなことより、できるだけ色々な経験をしようと思ってください。誰でも自分の能力をうまく引き出せていない面があります。それが、何かのきっかけで開花して得意技になるものなのです。

「果報は寝て待て」と言いますが、成果を焦ったり、期待しすぎたりすると、ストレスが溜まったり自信を失ったり、と逆効果になるかもしれません。**ゆったり構えて、「それいいね」と言われたら少し「ノッて」みる。そんなことを心がけていれば、2、3年のうちに何かを得意と思っているあなたに出会えるはずです。**

「発想力」強化計画

8

ピンチを切り抜けるのも「発想力」

大学生を前にして話をする機会が定期的にあります。そうした場で、

「君達は与えられた課題に正確に答えることについては一流だが、それだけでは社会で成功するとは限らない」

「なぜなら、社会では答のない問題に直面して解決策を見つけるための発想力が求められるからだ」

あるいは、

「発想力があれば自分で仕事を創り出すことができる」

という話をします。そうすると、それが一流大学であるほど、話を聴いている学生たちの顔に緊張が走ります。それは、彼らがエリートとしての自覚を持っている一方で、発想力に関してはそれほどの自信を持っていないからでしょう。

「発想力」というと青色発光ダイオードのような革新技術を開発したり、斬新なビジネスモデルを立ち上げたりすることを想像するかもしれません。もちろん、社会に新たな価値を生み出すような技術やビジネスモデルを開発できれば、それに越したことはありません。ただし、それは発想力の究極の目標です。そこまで行かなくても、**日々のビジネスの中で発想力が求められることは毎日のようにあるのです。**

例えば、我々のような仕事で企画コンペに参加する時は、競争に勝ち抜くための発想力が必要です。お客さんが怒ってしまった場合に、どうやって信頼を回復するかを考えるのも一つの発想力です。たくさんのプロジェクトを抱え込み、現状の戦力でどのように切り抜けるかを考えるのにも発想力が必要です。

こうした毎日のように起こる場面で、発想力もなく「とにかく頑張ろう」なんて言っていると、「徹夜で書いた企画書がコンペの結果を聞いた瞬間にゴミくずになる」「大切なお客さんを失う」「プロジェクトのスケジュールが遅延して大きな損害をこうむる」ことになります。

発想力があるかないかで面白い仕事のチャンスは大きく変わってくるのです。

発想力の「ピラミッド」

発想力は「ピラミッド構造」をしています。

青色発光ダイオードのような世紀の大発明の特許は「発想ピラミッド」の頂上です。ただし、これだけの特許が生まれるまでには、数多くの無名の特許があったはずです。その中には、特許の申請費用も回収できないような空振りの特許もたくさんあります。

そして、特許を生み出したことのある人なら分かると思いますが、どんなに役に立たなくても特許は発想ピラミッドの頂点付近に位置するものです。なぜなら、毎日の開発業務の中で優れたものを特許として申請するからです。つまり、特許が生まれるまでには特許にはならなかったさらに多くのアイデアがあります。

特許にならなかった発想のうち、商品の設計、製造のノウハウなどとして残す価値があるものは企業の中に蓄積されていきます。したがって、設計やノウハウも形にする価値がある発想ですから、これらができるまでには形にならなかった数多くの発想があることになります。

このように、著名な特許のような発想は、無数の発想の上に存在しているのです。そして、**より高い発想ピラミッドを築くことができた人こそ、ビジネスの世界で評価され、面白い仕事ができる可能性が高まることになります。**

ここまでの話をまとめると、次のことが言えます。

「面白い仕事をするには発想力が必要」
⇦
「発想力を高めるには発想ピラミッドが必要」
⇦
「発想ピラミッドを高くするには、ピラミッドの裾野を広くしなくてはならない」
⇦
「発想ピラミッドの裾野を広くするには、数多くの発想を生み出さなくてはならない」

つまり、発想力を活かして面白い仕事をしようとするのであれば、「多くの発想を生み出すにはどうしたらよいか」を考えなくてはなりません。ちなみに、多少の個人差はあるものの、発想ピラミッドは概ね相似形と考えるべきです。この点を無視して、青色発光ダイオードのような価値のある発想だけ生み出そうとしてもうまくいきません。それは、ピラミッドと同じ高さの細長い柱を立てようとするのと同じです。

日本的経営の成功例とされているのはトヨタです。トヨタの経営に関する書物を読むと、「なぜを5回繰り返す」とあります。仕事をするうえでは「これでいいのだろうか」「なぜこうするのだろうか」と何度も考えようということです。考えに考え抜いて仕事をする文化を創ることの結果として、トヨタという偉大な会社が生まれたとも言えます。

一方、トヨタという会社が組織として、「物事を基本に立ち返って考えよう」という姿勢を実現できているのだとしたら、どんな人も心がけ次第で「考える癖」を身に着けることができるはずです。企業としての文化は、入社後のトレーニング成果の集合体だからです。

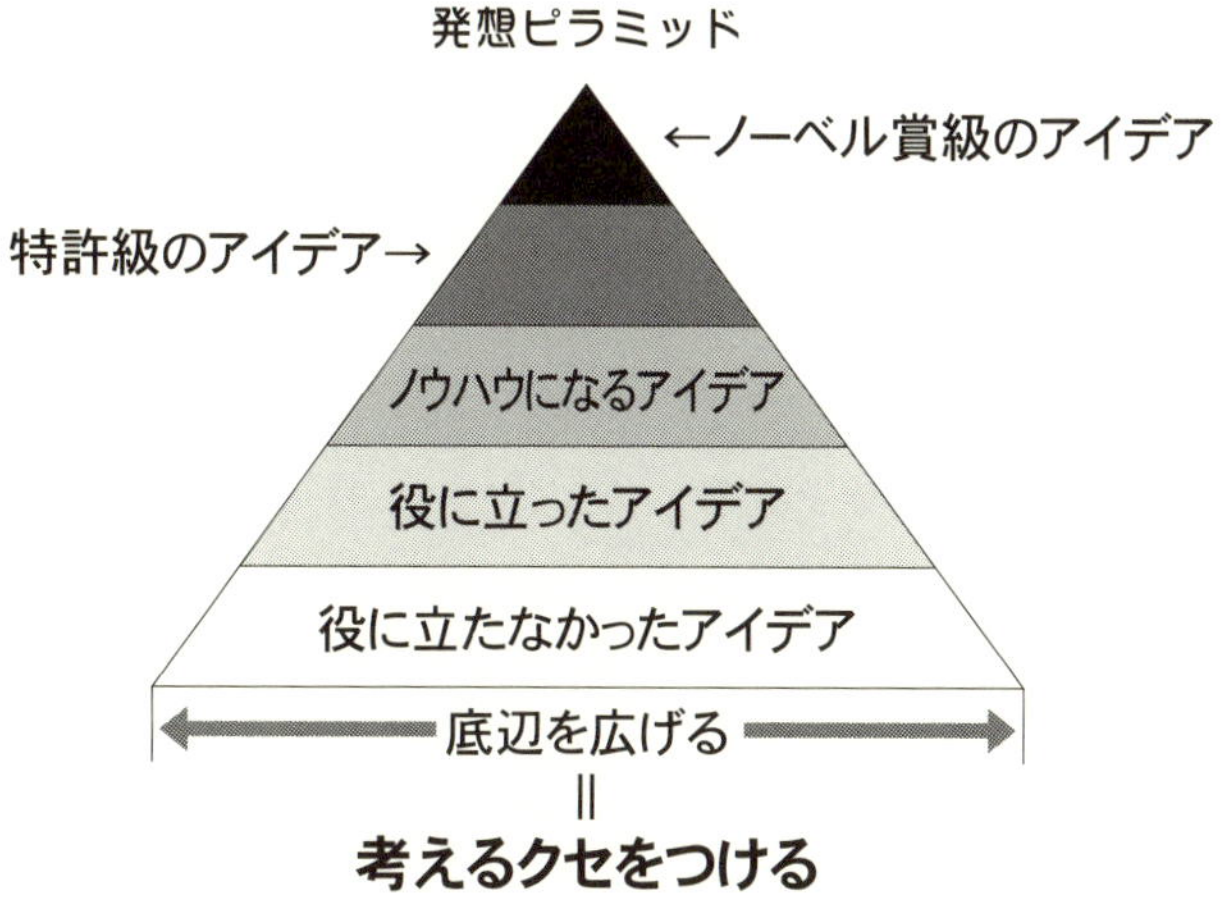

「発想力をつけよう」と思うのであれば、一発勝負のアイデアを狙うのではなく、**「毎日の生活の中で物事を考える癖をつけて発想ピラミッドを作る」**というイメージを持ってください。そうすれば、毎日の小さなアイデアの積み重ねがノウハウとなり、ノウハウの一部がビジネスモデルや特許となり、ビジネスモデルや特許の一部が成功モデルになっていきます。

しかしながら、「毎日闇雲に考えていれば発想力がつく」というのも嘘臭いものがあります。そこで必要になるのが発想力の合理的なトレーニング方法です。この項の本題ですので、詳しくお話ししましょう。

プロは反復練習で神経回路をつくる

テニスの得意な知り合いが、大学選手権でトップクラスに入った選手と練習をした時、その選手は何時間も相手コートの一点を狙って同じ球を打ち続けたそうです。トップレベルのスポーツマンの練習を見ていると、往々にしてこうした場面に出くわすことがあります。例えば、プロ野球の打者はネットに向かって何百回も打球を打ち込みます。ゴルフのプロは1日2～3000発のショットを打つといいます。テレビで卓球の愛ちゃんを見ていると、どこに球が飛んできても、正確無比な体勢を作って打ち返します。これも、何度となく繰り返した反復練習の成果といえます。

スポーツの世界だけではありません。中学校の時代から趣味でギターを弾いていますが、ジャズギターのプロは、ドレミファソラシドを同じリズムで一時間くらい繰り返した後、曲の練習に入るといいます。ピアノの練習でも同じようなことをするそうです。

彼らは何をやっているのでしょう。ここで、こうした反復練習を「体育会的」と切り捨てる人がいたとしたら、もったいないことです。

同じ練習を繰り返すのは体力の限界に挑戦しているからではありません。一流のスポーツマンにとって、一定時間同じことを繰り返すくらいで体力の限界に達することはありません。また、最近のトレーニング理論では、技術的な練習と体力づくりのためのトレーニングを混同するようなことはしません。

彼らは神経回路を作っているのです。

人間の神経はシナプスと呼ばれる無数の回路でつながれています。人間の体がある反応を示すためには、そのための回路が形成されなくてはならないのです。例えば、テニスの上手な人が飛んできた打球に対してすばやく正確な反応ができるのは、そのための回路が普通の人よりも発達しているからです。ジャズギターのプロが驚異的な速さで指を動かすことができるのも、そのための神経回路が発達しているからです。天性によるところもあるのでしょうが、多くの場合、そうした回路の発達はトレーニングの賜物です。

この考え方を発想力づくりに活かそう、というのが私の提案です。

「発想はある情報に対する頭脳の反射である」と考えて、「その反射能力を高めよう」とするのです。

「スポーツや音楽の理屈を発想に活かすのは無理がある」と言う人がいるかもしれません。しかし、「筋肉も頭脳も人間の体の一部であり」「人間の体は連結した神経によってコントロールされており」かつ、「頭脳こそ神経系の中枢である」としたら、体の反射の発達と脳を別のものだと考えることのほうが無理がありませんか。

また、私自身、スポーツは中学校の頃から様々なレベルの大会を経験しました。音楽についても30年以上ギターを弾いていますし、シンクタンクという発想力を必要とする職業に10年以上携わっています。そうした経験から言うと、「発想力の発達と音楽やスポーツの技量の発達には共通したものがある」のです。

インプットと開放が発想の基本

私のトレーニングイメージをご紹介しましょう。

私がイメージしているのは、「継続的な情報のインプット」「特異な情報のインプット」「神経を開放する」の三つです。

まず、継続的な情報のインプットです。

例えば、私が深く関わっている環境とエネルギーの分野で、「10年後にこんなことが起こるはずだ」と思うのは、環境とエネルギーについて定常的に情報を得ているからです。言い換えると、**将来の予測というのは、「過去から現在までの情報の延長を予測すること」を指しています。**

統計では、「これまで起こったことを数値化し、それをグラフ上の点として表し、これらの点に最も近いところを通る関数を導き出し、その関数の延長線上にこれから起こることを予測する」という手法があります。将来はあくまで現在までの流れの延長線上に存在する、という考え方と言えます。保守的な考え方かもしれませんが、明日になって突然今日と違うことが起こる訳でもないので、将来に向けた発想のためのオーソドックスな方法です。

発想の基本としては、**まず、頭の中に将来を予測するための情報の関数を作ることをイメージしましょう。そのためには毎日同じ地点から同じ情報を収集し続けることが必要です。**「定点観測」と呼ばれる考え方です。ただ、ビジネスは気温や売上といった数字だけで決まるわけではないので、「一つの窓口から見える情報を継続的に観測する」ことを考えます。

私がやっているのは、新聞と週刊誌を一つずつ選んで毎回すべて目を通すことです。具体的に言うと、新聞は日本経済新聞で雑誌は日経ビジネスに目を通すようにしています。よく、色々な新聞の記事を拾い読みする人がいますが、私の場合、そうした方法では将来予測のための関数ができる感じがしないのです。

例えば、日経ビジネスであれば、会社と編集長の方針にしたがって毎週無数の情報の中から掲載すべき記事を選んでいます。言い換えると、その週、最も注目すべき情報は何かが、あるフィルターを通して抽出されていることになります。ここで、日本

情報関数のイメージ

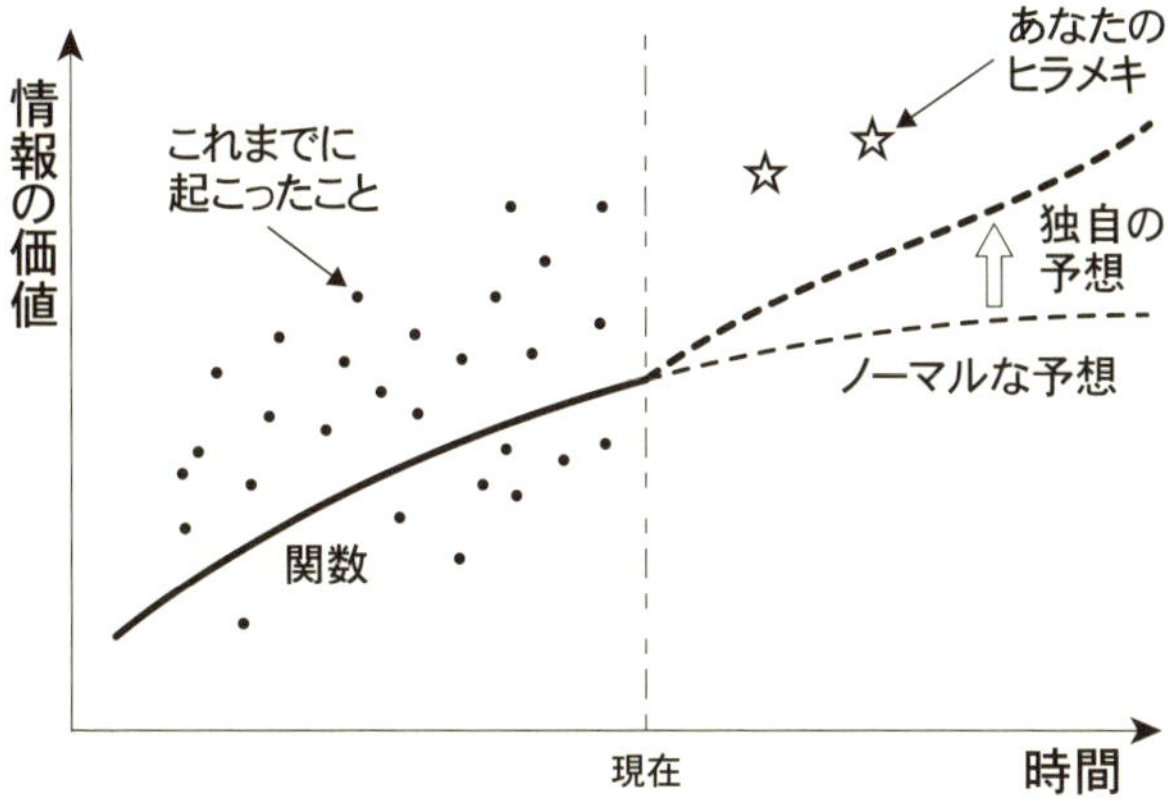

経済新聞と日経ビジネスのフィルタリングの能力が信頼のおけるものであるならば、きちんと順位付けされた情報が頭の中にインプットされることになります。

頭の中に関数をイメージするためには、この過程が大事だと思います。色々な新聞を読んで興味のある記事を拾い読みすると、自分の興味のある情報ばかりがインプットされてしまいます。情報のフィルタリングに自信のある人は分かりませんが、これでは関数にならないと思うのです。私は、自分の情報のフィルタリング能力が、マーケットで最も信頼されている新聞や雑誌の能力より高いとは思わないので信頼ある情報リソースに頼っています。

しかしながら、「誰もが見ている新聞や雑誌の情報を小まめにインプットしておけば将来を予測する発想が生まれる」というのもやや信じがたいところです。実際には、情報の関数を意識して新聞や雑誌を読んでいる人は少ないので、これだけでも効果はあると思います。ただ、一方で、毎日真面目に新聞を読んでいるにもかかわらず、およそ発想力とは縁遠い人がいるのも事実です。

そこで重要になるのが、「特異情報のインプット」です。誰でも得られる情報を定点観測し、将来を予測するための関数を頭の中にイメージしたところで、それに載せる個性溢れる情報を載せていくのです。ここに、あなたならではの価値観や特徴をインプットします。

私が所属する組織のメンバーには、「毎週のように土日も仕事に捧げていると、長い目で見れば（研究員として）命取りになる」と言っています。言うまでもなく、**その人ならではの特異情報をインプットできないからです。**我々の仕事で言えば、「特色のある本も論文も書けない」「キレのあるソリューションを提示できない」あるいは「的確な判断ができない」ことにつながります。

付加価値は週末につくられる

自分に付加価値をつけたかったら、「必死になってライブに行ったり、旅行に行ったりするスケジュールを守る」という気持ちが必要です。その時点だけを見れば、土日の予定もつぶして仕事をしてくれているスタッフには頭が下がります。しかし、安易に休日をつぶしたりすることは、長い目で見ると、その人にとってもチームにとっても、決してプラスにならないのです。

まずは、騙されたと思って、定点観測として、あなたが信頼できるメディアから継続的な情報をインプットしてください。そのうえで、**週末や夏休み、あるいはアフターファイブはあなたならではの経験をしてください。**

その際、あまりに色々なことに手を出すより、ある程度長く付き合える対象を探してください。仕事の発想につながるような特異情報を得るには深く突っ込んだ経験が必要だからです。情報が氾濫していることもあり、評論家のようにその世界のことを語る人がいますが「知ったかぶり」は発想の大敵です。

定点観測と特異情報のインプットができたら、発想をしやすい環境を探しましょう。簡単に言うと、「気を遣わずに、リラックスできる」環境です。

「仕事の能力をつける」のところで「会社の机にかじりついてアイデアを出そうとする行為は、自然現象に反した非効率かつつらい行為」であると言いました。あなたの頭の一部が、いつ声をかけられてもいいように身構えているからです。これではブレーキをかけながら走っているのと同じです。発想を生み出すには、頭の中のすべてが自由に動くことが大切です。

そのための場所は人によって違います。風呂やトイレでアイデアが閃く人もいれば、海を見ると発想が出る人もいるでしょう。大事なことは頭の動きに敏感になって、自分の頭が自由に動く環境を知っておくことです。

「これじゃ、週末も仕事から解放されない」と言う人がいるかもしれません。海に行っても、山に行っても、発想しようとしているのですから、そうした傾向はあります。ただ、まずは、「発想が湧いてきて、面白い仕事や自分のやりたいことに結びついていく」時の心地よさを味わってください。その後は、きっと気持ちが変わっていると思います。

以上は、あなたがあなた自身の能力をプロモートすることでもあります。自分の潜在的な能力を知らない人は少なくありません。その中で自分をプロモートする能力を身につけることができれば、今までとは違ったチャンスが広がるはずです。

「勝つ」ための
三つの心得

9

競争相手がいるから勝つ楽しみがある

ここまで面白い仕事を手にするための色々なアイデアを考えてきました。

しかし、これらを忠実に実行しても面白い仕事ができるかどうか分かりません。

競争相手がいるからです。

あなたより実績や経験のある人が同じ仕事をしたいと思っていたら、目的としている仕事の担当になれないかもしれません。あなたのチームが一生懸命新しいサービスを開発しても、他社がもっと優れたサービスを開発したら狙っている仕事をとれないかもしれません。

「ビジネスには必ず競争相手がいる」

こんな当たり前のことを忘れて仕事をしている人が結構います。

例えば、お客さんに提案書を書いている時、「自分が何をするか」ばかり書いている人がいます。そのお客さんが立派な会社の方であればあるほど、あなた以外にも声をかけているはずです。そうであるなら、提案書は常に、「自分たちを選ぶことが、いかにメリットがあり、提案している内容がいかに差別化されており、いかに自分たちが他社にない優れた資質を持っているか」を嫌味のない範囲で理解してもらわないといけません。「競争に勝てなくても自分の納得できることができればいい」と安易に思うのはやめましょう。それは、競争に勝つことができなかった時に、モチベーションをキープするために言う言葉であって、初めから言うべき言葉ではありません。面白い仕事がしたいのなら、「市場の中で面白い仕事を守っていく」という意思が必要です。

競争相手に勝って面白い仕事をするためには方法論があります。

そもそも、**世の中でいつも強いチームが勝っている訳ではありません。番狂わせがあるのが市場経済です。**大事なことは、「一見番狂わせに見える結果も、後から聞いてみると合理的に仕組まれた作戦の賜物である」ということです。

自分たちより強いチームを打ち負かした経験が一度もなくて面白い仕事を続けていられる人がいるとしたら、よほど運がいいか、稀に見る才能の持ち主でしょう。たいていは、自分の夢を実現する前に立ちはだかる競争相手がいるものです。ビジネスの世界では、何とかここを突破しなくてはいけません。

勝てるチームになるためには「勝つことの楽しさ」を知ることが大事です。

私がこれまで最も一生懸命やってきたスポーツはボートです。卒業してからも20年以上コーチをやっています。しかし、何年やっても、「漕ぐこと自体が楽しい」というスポーツではありません。練習はきついですし、「楽しそうだ」と思ってボートを選ぶ人はいないでしょう。それでも、ボートをやっていてよかったと思うのは、勝つことの楽しさを知ったからです。ボートで相手をぶっちぎった時やレースで優勝した時の気持ちよさは「遊びの楽しさ」で代替できるものではありません。アテネオリンピックで水泳の北島康介選手が言った「超気持ちいい」という感覚です。

「勝てないテニスより、勝てるボートの方が面白い」。これが勝つことの楽しさです。

我々は競争市場の中にいます。そこで勝つことができなければ、面白い仕事も、意義のある事業も絵に書いた餅になってしまいます。そうならないためにも、「勝つことの楽しさ」を知ることが必要なのです。

勝たなくても負けなければよい

自分達より強いチームに勝つには三つのポイントを押さえなくてはなりません。

一つ目は、「競争の本質は情報戦である」という点を理解することです。

「彼を知り己を知れば百戦危うからず」とは孫子の言葉です。「相手の得意技は何か、自分の得意技は何で、どんな勝機があるか」を考えるのは勝負の鉄則です。

昔、アントニオ猪木がボクシングのヘビー級の現役世界チャンピオンであるモハメッド・アリと闘った時のことです。当時、モハメッド・アリは「蝶のように舞い、蜂のように刺す」と言われ、軽量級並みの軽快なフットワークと長い射程距離を持つ正確なジャブを武器にしていました。いかにプロの格闘家でも、ボクシングの経験がなければ、予想もしていない距離から矢のようなパンチを打ち込まれたに違いありません。

猪木は、アリのパンチを怖れ、スライディングをして足ばかりを責めたてました。その特徴ある姿をして「アリキック」と言われたものです。この言葉に尊敬の念が込められていたとは思いませんが、勝負事の一つの真実を見ることができると思っています。「カッコなんかどうでもいい」とスライディングしてボクサーの泣き所を責め続けた猪木の割り切りが見事だからです。

大学を出たエリート社員が、カッコをつけるあまり、「アリキック」のような割り切りができないことがよくあります。問題はビジネスの世界ではノックアウトされていることに気がつかないことです。

例えば、「相手が誰で、何を強みにしているかも分析せず、自分が書きたいことだけを書いて、企画提案の競争で負ける」という場合です。ここで、「一生懸命書いたのですが、採用されませんでした」と言って帰ってくるのは、アリキックをせずむざむざとノックアウトされて帰ってくるのと一緒です。

ビジネスの世界では誰が相手かが100％分かることは少ないのですが、色々な仮説を作って競争相手を絞り込みます。次に、相手の強みを考えて、どんな手を使ってくるかを予想します。そのうえで、相手の強みを出させずに、弱みを叩くことができる戦略を考えます。ここで必要ならアリキックのような奇策も考えます。**カッコを気にするエリートにアリキックをやらせるには、納得感のある戦略が必要なのです。**

自分の土俵に引きずり込む

強い相手に勝つための**二つ目のポイントは、「自分の土俵」で勝負できるようにしかけることです。**最近、総合格闘技系の試合を見ていると、ボクシングがプロレスに勝ち目があるようには思えません。ですから、猪木もモハメッド・アリにタックルして寝技で勝負すればよかったのです。

アリ戦でそれができなかったのは、猪木が色々なルールに縛られていたからだといいます。その意味でいうと、猪木はアリ戦でプロレスラーの必殺技を出せる土俵に持ち込めなかったことになります。

強い相手と戦う時は相手が有利なルールの中で戦うことを避け、いかに自分の土俵に引きずり込むかを考えなくてはなりません。

1990年代の後半から、金融、電力、公共といった分野で規制緩和が進みました。いずれも兆単位の規模を持つ巨大な市場ですから、進出したいと思っていた企業はたくさんいます。このうち私たちが力を入れてきたのが、公共団体が新しい事業を立ち上げる際に、民間的なセンスで事業のアドバイスをする仕事です。こうした仕事を受注するには、企画書を書いてプレゼンテーションをするのが普通です。

数年前、あるプレゼンテーションの場で、審査委員から「他の会社は新しく作る施設の配置図などを持ってきていますが、御社はそういったものがありませんね」と質問されました。我々の提案は、「施設を作るのは民間企業だから、いかに力のある民間企業を選定し、民間のよい提案を引き出すか」に焦点を当てていたので図面の類は一切ありませんでした。

ここで「今日は、図面はご用意していませんが、もちろん仕事が受注できたら立派な図面を作成します」などと言ってはいけません。なぜなら、この手の質問こそ、「新規参入者を古い土俵に引きずり込む誘い」だからです。**守旧派が必要性の低くなった過去のノウハウを金科玉条のように掲げてくるのはよくあること**です。

こうした場合は二つのことに注意しなくてはなりません。一つは動揺せず、むしろ、「よくぞ聞いてくれました」という雰囲気で応えることです。もう一つは従来のやり方にこだわることの弊害を合理的に説明することです。

上記の場合では、「新しい事業の中で我々のすべきことは民間事業者がよい図面を書けるための条件をつくることです。本日図面を使ってプレゼンテーションすることは、事業の本質に錯覚を与えるものだと思い、お持ちしませんでした」という意味のことを説明しています。結果は我々の勝ちでした。

新たに市場に参入しようと思っている人たちが昔からそこにいる人たちのルールで勝つのは難しいに決まっています。こうした場合には、**古い人たちの言うことに引きずりこまれずに、「議論の土俵を換える」ことが必要なのです。**

ビジネスでも有効な「チェンジアップ」

強い相手に勝つための**三つ目のポイントは、切り札を出すタイミングを計ることです。**

どんな得意技でも必ず通じる訳ではありません。「得意技のカードは満を持して切る」ことが大切です。安易に得意技の情報を先出しすると、競争相手に手の内を知られて、予防線を張られてしまうかもしれません。場合によっては、せっかくのカードも効果がなく、「自信を失って敗退」という事態になりかねません。

どんなに速い球を投げられるピッチャーでもスピードボールだけを投げる訳ではありません。カーブやチェンジアップを投げ、相手の目をそらし、満を持してスピードボールを投げるからこそ、打者はついて来られなくなるのです。同じことはビジネスの世界でも言えます。

例えば、コスト競争力に自信がある場合でも、初めから価格の話を出してしまうと、

「単なる安売り」にしか見えない可能性もあります。ですから、価格に自信を持っていても、まずは性能や品質などの面で優れた点をアピールしていきます。それらに対して、ある程度お客さんが納得したところで、「実は価格面でも大変有利になっています」と切り出せば先方の受け取り方はかなり違うはずです。

ビジネスの世界では、よほどの大発明でもない限り、他社が全く追随できないサービスや品質を実現することはできません。まして、相手の力が強ければ、こちらの方が優れている点はごく限られているはずです。そこで、相手の弱みと自分たちの強みを徹底的に比較し、相手の土俵では絶対に戦わず、満を持して勝負球を投げるための「見せ球」が必要なのです。

疲れても「回復力」が あれば無敵

10

ビジネス向き「強い体」の養成法

ここまで、会社勤めの身で面白い仕事をするためのノウハウを論じてきました。ただし、これらを実行するのに必要な条件があります。健康なことです。サラリーマンは、「丈夫」と言われるにこしたことはありません。

我々の世代はハードボイルドと呼ばれるジャンルの小説や映画が流行りました。寡黙で強い男が登場して活躍する、なぜかいつも女性にもモテる、という大変カッコよくて分かりやすいお話です。

多少、今の時代の風潮とかけ離れたところがあるかもしれませんが、やはり、ハードボイルド小説の主人公は格好いいし、できれば、「ああなりたい」と思います。

ハードボイルドの主人公に共通しているのはタフで丈夫なことです。しかし、毎日普通の生活をしていて、ゴルゴ13のようなマッチョマンにはなれないでしょう。どこかで隠れて体づくりをしているに違いありません。

ゴルゴ13のようになれたらいいですが、ビジネスの現場であれほど強靭な体は必要ありません。また、ビジネスには持続力が必要、といってもマラソン選手のような持久力がいる訳でもありません。

「面白い仕事」のために体づくりをしようと思うのなら、「サラリーマンにとっての強い体」とは何かを考えなくてはなりません。

「強い体」とは、ある環境に対する抵抗力の高さを意味しています。我々に比べれば、一流のスポーツマンはどんなスポーツをやっても体力があるように見えますが、スポーツマン同士で比べるとすべての競技にも通じる体力などありません。極端な話、ハンマー投げの選手がマラソンに出て勝てる訳ないですし、マラソンの選手が重いバーベルを上げられる訳でもありません。さらに言えば、スポーツ選手が深夜残業に強いかどうか分かりません。

ビジネスにはビジネス向きの体力というものがあります。

サラリーマンにとって最も重要なのは、**「今日の疲れを明日に持ち越さない体」を作ることです。**そのために大切なのは体の代謝機能を上げることです。

「代謝」を広辞苑で引くと、「古いものと新しいものが入れ替わること」とあります。人間の体で言えば、「新しい栄養を取り込んで老廃物を排出するための機能」のことです。


代謝をよくするためには、栄養をとって、血の巡りをよくするといった、補給機能を上げることも大切ですが、老廃物を適切に排泄するための機能も重要です。

以前、医者にかかったとき、有名な大学病院の名誉教授を務める先生から、「食べることばかり気にする人が多いけど、人間の体にとって『出す』ことはとても大切なんだよ」と言われました。「出す」という意味では、排泄行為だけでなく、汗を出すこと、息を吐き出すことなどがあります。例えば、最近流行のヨガでは、深く息を吸って、深く吐き出すことを練習します。

体力は「お尻」で決まる

「北斗の拳」のような漫画では、筋肉隆々のヒーローが出てきます。分厚い胸板、丸太のような腕は昔から「強い男」のシンボルです。ただし、**実際には体力を決めるのは上半身ではなく下半身の筋肉です。**

外見的にいちばん違うのは「お尻」です。30年近くボート界にかかわっていますが、強いチームのメンバーはお尻がせりあがっています。大臀筋というお尻の筋肉と大腿部の筋肉、それにお尻を引っ張り上げるための背筋が発達しているからです。間違ってもお尻が垂れ下がったチームが表彰台に上ることはありません。

野球のピッチャーは完投するために百数十球の球を投げなくてはいけない過酷なポジションです。彼らのお尻もすごいです。江川卓は高校野球の地区大会で1試合に20を超える三振を奪った剛速球投手ですが、現役時代ははけるジーンズがなかったそうです。しかし、上半身はムキムキではありません。

最近はトレーニングジムに通う人がたくさんいます。トレーニングジムでは色々な筋肉を鍛えることができますが、上半身ばかり鍛えて鏡を見てナルシストになるより、ヒップアップになるためのトレーニングをしてください。

お尻を中心としたトレーニングは代謝改善にも効果があります。お尻、大腿部、背筋といった部位は人間の体の中でいちばん多く筋肉がついているからです。これに比べると、腹筋や胸の筋肉量は知れています。したがって、大腿部の筋肉が10％増えるのと胸の筋肉が10％増えるのとでは増える筋肉の量が違うので、代謝改善に及ぼす効果も変わってくるのです。

ヒップアップのためのトレーニングは簡単にできます。あなたの体重がトレーニングマシーンになるからです。まず、両手を腰に当てて、足は肩幅に開いて、背すじをまっすぐにして立ちます。次に、片足を大きく踏み出して、脚の腿が地面と平行になる辺りまで腰を落とします。腰を落としたフォームを確認したら、前に出した脚の力だけで元に戻ってください。あまり深く腰を降ろすとフォームが乱れますし膝を痛め

ることもありますのでフォームが維持できる範囲で結構です。回数も初めは20回くらいで十分です。慣れたら少しずつ増やしていってください。たいていの人はすぐに50回くらいできるようになります。

これなら、どこでもできますし、誰がやっても比較的安全にトレーニングできます。100回やっても2、3分もかかりませんから忙しい人でも大丈夫です。トレーニングは続けないと意味がないので、ジムに通うのが面倒くさい、ジムの会費が負担だ、と思っている人向きと言えます。

ところで、「下半身を鍛えた方がいい」と

言うと、特に女性は「脚が太くなる」と言って嫌がることがあります。勘違いしないでください。目的は脚を太くすることではなく、ヒップアップになることです。きちんとしたフォームでやれば、外見的に脚が太く見えるようなことはありません。最近のモデルは筋力トレーニングをしますので、太腿もある程度筋肉がついています。それでも彼らのスタイルがよく見えるのは、ヒップアップになっているからです。間違った鍛え方さえしなければ、スタイルを気にする必要はないのです。

トレーニングの知識のない人は、体の前面や上部の筋肉ばかり鍛える傾向がありま す。腹を引っ込めようと思って腹筋をする、胸を出そうと思って腕立て伏せをやる、等々です。しかし、腹筋で腹の周りの脂肪を減らすのは並大抵なことではありません。スタイルにとって大切なのは代謝と同じように「下部」と「後ろ」なのです。背筋と足の筋肉が体を支えているからです。背筋と足がシャキっと伸びていると多少お腹に脂肪がついていてもスタイルはよく見えます。逆に、いくら腹筋があっても姿勢が悪いとお腹は引っ込んで見えません。

鉄人を生む「超回復」理論

体を鍛えようと毎日のように走る人がいますがお薦めできません。全日本クラスのスポーツチームでも週に1日は休養の日を作ります。休日という意味より、体を休めることが目的ですから、他のスポーツをすることもありません。日本のトップレベルにあるスポーツチームが休みを重視するのは、筋肉の機能を高めるためには回復の時間が必要だからです。

筋力トレーニングをすると筋肉の細かい繊維が破断します。ここに十分な栄養と休養を与えると、筋肉は前よりも強い繊維を作ろうとします。これを「超回復」といいます。

言い換えると、筋肉を作っているのは、トレーニングそのものではなく、その後の休養と栄養補給なのです。トレーニングは体に超回復を起こさせるための刺激、ということもできます。したがって、トレーニングの効果を上げるためには、休養と栄養補給をセットで考えなくてはならないのです。ここを間違えると、刺激ばかりで回復が足りず、疲れる割にサッパリ効果が上がらない、という事態にもなりかねません。体作りで大切なのは、「しっかり食べること」と「しっかり休むこと」なのです。

サラリーマンの回復力はスポーツマンとは比べるべくもありません。同じスケジュールでトレーニングをしたら、過労状態になるのは目に見えています。また、仕事で疲れていますから、スポーツマンより休養が必要と思った方がいいのです。

筋肉を鍛えるには同じところに週2回以上負荷をかければいいと言われています。したがって、**仕事をしながらトレーニングをするのには、週2、3回が理想ではないかと思います。**そう考えると、毎日朝早く起きて何キロも走るようなトレーニングは効果よりもリスクの方が大きく見えてしまうのです。

もう一つ重要なのは休むタイミングです。有名な話ですが、相撲取りは朝稽古して、「ちゃんこ鍋」をたらふく食べて、昼寝します。また、筋肉をつけようとしているプロレスラーや格闘家も夜トレーニングしてたんぱく質を摂って寝てしまう、といいます。

彼らはトレーニングをした後、「できるだけ早く栄養を補給して休養しよう」つまり**「できるだけ早く超回復する段階に入ろう」**と思っているのです。トレーニングをした後はできるだけ早く栄養をとった方が効果が高いと言われています。例えば、トレーニング後30分以内に食事をするのと1時間以上経ってから食事をするのとでは吸収が違うといいます。

休憩も中途半端なものではなく、しっかりと眠ることが必要です。練習が終わってから睡眠をとるのは相撲だけでなく、他のスポーツで行われていることです。

こう考えると、朝走ってから満員電車に揺られる、ことがあまり理論的ではないことが分かります。筋肉の量を増やしたいのなら、筋トレは夜自宅でやって、たんぱく質を中心とした軽い食事をして、できるだけ早く寝てしまうのがいい、ということになります。

体によいものを好きになる

ただし、何でもかんでも寝る前に食べればいい、という訳ではありません。例えば、一汗かいて気持ちがいい、と思ってアルコールや脂っこいものを摂ってすぐに寝るようでは逆効果です。そもそも寝る前に食べるのはダイエットの常識とは正反対なのですから、食べ物の選び方が重要です。

まず、「寝る前に何を食べるか」ですが、プロレスラーや格闘家は、筋肉の材料になり、かつ脂肪ができるだけ少ないものを食べているようです。鳥のささみやプロテイン・ドリンクなどです。一方、相撲取りはちゃんこ鍋を食べるので、たんぱく質以外の栄養素もかなり摂り込みます。これが筋肉が浮き出ている格闘家と相撲取りの体の差になるのでしょう。したがって、「代謝のよい体をつくる」、という意味では、脂肪の少ない格闘家の真似をすればいいのですが、寝る前にプロテインを飲む人はかなりマニアックな人か、相当気合いを入れてダイエットしている人でしょう。たいていの人は、寝る前くらい好きな飲み物を飲みたい、と思うものです。

したがって、**いちばん大切なことは「日々の食事でいかに体によいものを食べるか」**ということです。筋肉をつけるためにはたんぱく質が豊富に含まれた食べ物を摂らなくてはなりません。排泄を促すためには繊維質を摂らなくてはなりませんし、ビタミンは体の潤滑剤のようなものです。もちろん、エネルギーを確保するために炭水化物や脂肪分も必要です。体のためにどんな食べ物を摂ればよいかは本屋に1時間もいればだいたい分かります。

しかし、ご馳走はカロリー過多の料理が多いですし、多くの女性は炭水化物の多い甘いものが好きです。したがって、体づくりのためには欲望に打ち勝って体によいものを食べなくてはなりません。ただし、いくら「体にいい」といっても、毎日野菜や鳥のササミばかりイヤイヤ食べていたら、ストレスがたまって逆効果です。

一方で、人間も動物ですから本来は体に必要なものを食べようとしているはずです。

つまり、**緑黄色野菜や根菜のように体にいいものを必要と感じる体になればいい訳です。**机上論のように見えるかもしれませんが、実は現実性のある話です。

高齢になると魚や野菜を多く食べるようになります。若い時と同じように脂っこいものを食べても消化不良になったり、消費できないからです。

個人的な経験としては、学生時代、練習が物凄くキツイうえに、異常に暑い夏がありました。体力のない者から次々と体調を崩すような状態でした。そんな状況で考えたのは、「体によいモノだけを口に入れるようにしないと体がもたない」ということです。こうして体によいものを食べる習慣ができあがると、例えば海外出張などで脂っこい食事が続いたときなどに「サラダが食べたい」と思うようになるものです。

バランスのとれた食事に慣れた体は、いい加減な食事が続いた時には「何か調子悪いな」と感じるようになるのです。初めは多少つらいかもしれませんが、体づくりにどんな食べ物がいいかを勉強して、とりあえず1ヶ月くらい食事に気を遣ってみましょう。その後は、週に何回か体に気を遣った食事をするようにすれば、体がよい食事を憶えてくると思います。

睡眠時間を確保せよ

この章の最後で強調しておきたいのは「睡眠」の大切さです。超回復のところで話したとおり、どんなにトレーニングをして栄養を摂っても、**回復のための時間をとらないことには強い体を作ることはできません。**

全日本選手権を目指しているチームやナショナルチームなどでは、十分な睡眠をとることを重視します。練習して、食べて、寝て、夜はまたたくさん寝て、ということの繰り返しです。恐らく、1日の半分くらいは寝ているはずです。こうした「回復」を重視した生活が、常人では考えられない体力をつくり上げるのです。

サラリーマンがここまで睡眠をとることはできませんが、体づくりをしようと思うのなら回復の時間は大切です。

時には深夜残業で仕事をこなすことも必要でしょうが、睡眠時間をいい加減に考えているサラリーマンが多すぎます。どんなに仕事が忙しい時でも、接待がある時でも、睡眠時間をきちんと確保しようと思っているのといないのとでは、結果が違ってきます。例えば深夜残業間違いなし、と覚悟している日でも「絶対に夜8時までに会社を出るぞ」と思って朝から働けば何とか8時までに帰れるものです。一方で、何の目標もなしに大量の仕事を前にしていれば、案の定深夜残業にはまって睡眠不足、という事態になります。

健康志向が高まったとはいえ、世の中のサラリーマンの健康管理はまだまだです。「体が資本」と言う人は多いのですが、その資本を磨くための地道な努力を続けている人はごくわずかなのです。そこで、**きちんとした健康管理ができれば、稼働率という点だけでも他の人よりずっと有利になれるはずです。**特に、40歳、50歳になった時に大きな差が出ます。

ここで述べたのはビジネスマンが強い体をつくるための、ごく基本的なことですが、できることから少しずつ実行していけば必ず効果が上がるはずです。

エピローグ

他人を気づかってこそプロ

😉フェアな姿勢はどんな世界でも好まれる

面白い仕事をするための10のポイントについて話してきました。しかし、これだけで面白い仕事ができるかどうか分かりません。なぜなら、どんなに工夫を凝らしても、**信頼される人にならなくては仕事がうまくいくはずがない**からです。

アメリカ人と話している時に「お前はアンフェアだ」と言ったら喧嘩になります。アンフェアという言葉には強い侮蔑の意味が込められているからです。

日本人も元々はフェアネスを大切にしてきた国民です。言葉に出して言うことが少なくなりましたが、「卑怯者」という言葉には強い侮蔑の念が込められています。日本でも海外でも、ビジネスの世界ではフェアと思われることは大切なのです。

大学を卒業して2、3年経った頃でしょうか、ある先輩から「プロジェクトでトラブルが起こったら、関係者を集めて会議をして、責任を皆に分散するんだ」と教えられたことがあります。自分の責任でトラブルが起こっても、「会議を招集して早目に皆で共有してしまえば責められない」という考え方です。

しかし、会議の当事者にされてしまった他のプロジェクトメンバーにしてみれば、その場で文句を言えなくても、心のどこかで「あれは、彼の責任のはずだ」と思っているに違いありません。こうした心理がもとで信頼感が落ちれば、プロジェクトそのものがうまくいかなくなります。結果として、リスクを分散したと思っている人は、後々その代償を払うことになるのです。

日本でも企業が人材を採用する際、「スポーツをやってきました」と言うと一定の評価が得られます。アメリカでもスポーツ経験のある人がビジネス界で活躍している例は少なくありません。「仕事は体力だから」という見方もできますが、フェアネスという意味で解釈できるところもあります。

スポーツの世界は非常に分かりやすくできています。手を抜いていたらすぐに分かりますし、誰のミスかは隠しようがありません。普段威張っている先輩でも、負けて帰ってきた時は頭を下げざるを得ません。特に、自分のミスで負けた時は辛いものです。事実から逃れようがないのがスポーツの世界なのです。

こうした世界に何年間かいると、事実を受け入れる力が身につきます。自分の責任であることをはっきり言う、自分に責任がある時は謝る、あるいはつらい立場にいる仲間を慰める、といった態度です。私の知らないスポーツ以外の世界でも、同じような意識が身につくことがあるかもしれません。大切なことは、フェアな姿勢はどこの世界でも好まれますし、いかに成長のためとはいえ、**自分のことばかり考えている人は好まれない**、ということです。

利己主義にならない

最後に、陥りやすい点について述べておきます。

この本に書いてあることをそのまま実行した場合、仮にFor the Teamの気持ちを忘れなくても、**利己主義に陥るリスクがあることを否定できません。**例えば、表面的にはFor the Teamと言っていても、どこかで周囲に合わせることを煩わしいと思っている自分に気がつくことがあるかもしれません。そうなると、いくら一生懸命やっていても、心のどこかで信頼されていない、という状態に陥ります。

残念ながら、個人の能力を伸ばしたり、面白い仕事をしようと努力し、それでも絶対に利己的にならない、という方法を私は知りません。ただし、これまでの経験で、**心のどこかに戒めみたいものを持つことが大切だ、**と思います。


受験勉強もたけなわの頃、高校時代の先生から言われた話は今でもよく覚えています。

「どんなに勉強が忙しくても、理由もなく友人の誘いを断ったり、早く帰ってほしい、と思ってはいけない」

「でも、そうしたら勉強時間がなくなります」

「その時は、睡眠時間を削って頑張るんだよ」

当時は受験生向けの精神論的な話と思っていましたが、40歳を超え先生の言われていたことがようやく分かってきた気がします。社会に出てどんなに成功することがあっても人間としてまともであってほしい、あるいは、自分のことだけを考えて努力をしていても成功することはない、そんな祈りや戒めが聞こえてくるようです。

日々の業務の中で、人と人との付き合いの大切さをつい忘れがちになります。例えば、遠路はるばるやってきたお客さんとの席を大して重要ではない残務を理由に欠席する、お世話になったのにきちんとお礼もできない、古い友人からの久しぶりの誘いを何の理由もなく断る、日々を支えてくれている人に邪険な態度をとる、等々、思い当たることはたくさんあります。

人生を楽しく過ごすために面白い仕事をすることは大切です。そのために個人としての主張や戦略があってしかるべきです。ましてや成果を出すための努力が否定されるようではいけません。しかし、どんなに面白い仕事ができても、10年、20年を経て振り返った時、暖かい視線から遠ざかっているようでは、何のために面白い仕事を追い求めたのか分かりません。

面白い仕事も、サラリーマンとしての能力も、人と人の関係があってこそ価値を生むものであることを忘れてはならないのです。

井熊　均（いくま・ひとし）
（株）日本総合研究所 執行役員 創発戦略センター所長
1958年生まれ。早稲田大学大学院修士課程（理工学専攻）修了。三菱重工業を経て日本総合研究所入社。産業政策、公共事業、環境産業、地域経営、ベンチャービジネスなど幅広い分野をカバー。自らベンチャー企業を立ち上げた。早稲田大学理工学部ボート部監督。コーチとして世界選手権に出場した経験を有する。著書は「決定版 自治体PFIプロジェクトの実務」「環境倒産」「私はこうして社内起業家／イントラプレナーになった」「図解よくわかるバイオエネルギー」「電力取引ビジネス」「社内起業家になるための24の法則」「第三セクターをリストラせよ」「知財立国への道」「ICタグビジネス」「燃料電池ビジネスの本命 住宅市場を狙え」「京都議定書で加速されるエネルギービジネス」など多数。

装　　幀　蔵田 豊（ハットオフ）
イラスト　中村 知史

プロフェッショナル・サラリーマン
あの人は、なぜ楽しそうに仕事をするのか？

発行日　2006年9月9日　初版第一刷

著　者　井熊 均
発行人　仙道弘生
発行所　株式会社 水曜社
〒160-0022 東京都新宿区新宿1-14-12
TEL 03-3351-8768　FAX 03-5362-7279
URL www.bookdom.net/suiyosha/
印　刷　中央精版印刷
制　作　青丹社

定価はカバーに表示してあります。
乱丁・落丁本はお取り替えいたします。

ISBN4-88065-176-1 C0034